Aufgewachsen

in

HAMBURG

in den 40er und 50er Jahren

IMPRESSUM

Bildnachweis:
Kaehlert S. 3, 45, 50, 63 (unten); Elisabeth Barthel S. 4; Anja Kentenich S. 5, 61, 52 (o.l.); Ingrid Schmidt S. 6; A.M. Thieß S. 7; Hannelore Strehse S. 8 (oben); Alfred Dreckmann S. 8 (unten); Denkmalschutz-amt Hamburg, Bildarchiv: S. 10, 15 (u.), 19, 24, 26, 46, 56, 57; Otto Klein S. 12; Ute Loß S. 13; Gerhard Schöttke S. 14, 16 (u.), 30, 44; Anneliese Brandt S. 15; Archiv Eschberg S. 16 (o.), 17, 26 (u.), 29, 40 (u.), 41 (u.), 43, 53, 55, 62 (u. l.); Jens-Peter Gillwald S. 18, 23; Eva Gabriel S. 20; Torsten Kurbjuhn S. 21; Sabine Schnabel S. 22, 32; Carsten Buhck S. 28, 33; Jürgen Schäfer S. 30; Helmuth Wolter S.34; Horst Dietze S. 36, 37 (oben); Dietrich Schloemp S. 37 (unten); Museum für Bergedorf und die Vierlande S. 38; Heinz Barkow S. 39; Hans-Joachim Meyer Bosse S. 40, 58; Bernt-Dieter Köhler S. 41, 49; Ute Loß S. 52; Karin Wielck S. 60, 62 (u. r.); Antje Jenzen S. 62 (links Mitte, r. oben); Frauke Rebsdat S. 63 (o.)

Titelgestaltung:
Jungenmotiv: Presse-Bild-Poss. Dipl. Ing. Oscar Poss
Mädchenmotiv: Privatarchiv R. Bogena
Stadtmotiv: Die Speicherstadt am Hamburger Hafen, Mitte der 50er Jahre (ullstein)

Wir danken allen Lizenzträgern für die freundliche Abdruckgenehmigung. In Fällen, in denen es nicht gelang, Rechtsinhaber an Abbildungen zu ermitteln, bleiben Honoraransprüche gewahrt.

4. Auflage 2021
Gestaltung und Satz: r2 | Ravenstein, Verden
Druck: Druck- und Verlagshaus Thiele & Schwarz GmbH
Buchbinderische Verarbeitung: Buchbinderei S. R. Büge, Celle

© Wartberg-Verlag GmbH
34281 Gudensberg-Gleichen · Im Wiesental 1
Telefon: 05603/93050 · www.wartberg-verlag.de

ISBN: 978-3-8313-1867-4

Die Erinnerung ...

... ist frei nach Jean Paul „das einzige Paradies, woraus wir nicht vertrieben werden können". Erinnerungen verschönen uns das Leben, meint Balzac und fügt hinzu: „Aber das Vergessen allein macht das Leben erträglich!"

Anders ist sicherlich auch nicht zu erklären, dass wir an unsere Kindheit in den Jahren des schrecklichen Krieges und an die Zeit danach trotz allem auch mit einem Schmunzeln zurückdenken können. Selbst ein „verklärter Blick" ist erlaubt. Wir beneidenswert glücklichen Menschenkinder, die wir noch einmal davon gekommen sind, die wir den Krieg in Hamburg überlebt haben ...

Wer die 40er und 50er Jahre des vorigen Jahrhunderts selbst erlebt hat und zurückdenkt, zieht schon fast automatisch Vergleiche zwischen damals und jetzt. War es damals anders? Und was war damals anders? Was war besser? Was weniger gut?

Nun ja, eine verheiratete Frau brauchte die Genehmigung ihres Mannes, wollte sie bei der Bank ein eigenes Konto einrichten, Zigaretten (seinerzeit noch ohne Filter) konnte man im Tante-Emma-Laden an der Ecke einzeln kaufen. Weggeworfene Zigarettenkippen waren bis zur Währungsreform im Jahre 1948 ein begehrtes Sammlerobjekt. Entweder kamen sie in die Pfeife oder aber sie wurden zu neuen Glimmstängeln verarbeitet, echter Bohnenkaffee war in der Kaffee-Stadt Hamburg so kostbar, dass so manche „Kaffeetante" die wenigen Bohnen, die sie ergattert hatte, abzählte und so portionierte. Und man durfte zu einem Schwarzen aus Afrika noch ungestraft Neger sagen. Negerküsse waren ebenfalls noch nicht umgetauft, die Mischung aus Sekt und Rotwein wurde als Tür-

Trotz drohender Wolken am Kriegshimmel:
Wir kommen auf die Welt.

kenblut getrunken und eine unverheiratete Frau war in Hamburg noch ein „Frollein"

Hamburg lag am Boden, ein (Trümmer) Haufen Arbeit türmte sich vor uns auf, und kein normaler Sterblicher, ob Männlein oder Weiblein, wäre jemals auf die Idee gekommen, zwecks Abbaus überschüssiger Kräfte mal eben um die Alster zu laufen. Bleibt noch, Ihnen, liebe Leser, viel Freude beim gemeinsamen Ausflug in die 40er und 50er Jahre zu wünschen!

Gerhard Schöttke

Gerhard Schöttke

Beim neunten Kind übernahm „der Führer" die Patenschaft.

Fliegeralarm!

Bei dem einen von uns Kindern befand sich das Klo noch auf halber Höhe im Treppenhaus, der andere hatte einen weißen Bechstein-Konzertflügel im geräumigen Musikzimmer stehen. Die sozialen Unterschiede in einer Großstadt wie Hamburg sind nun mal besonders krass. Da beißt kein noch so scharfes Mäusezähnchen einen Faden von ab. Und doch gab es in der ersten Hälfte der vierziger Jahre etwas, was allen Hamburgern gemein war, was alle Hamburger, ob arm ob reich, verband: Die Angst! Angst davor, im Luftschutzkeller zu sitzen und bei „Fliegeralarm" jeden Augenblick damit rechnen zu müssen, dass die alliierten Bombergeschwader ihre todbringende Fracht genau über ihren Köpfen abwarfen, ihr Haus trafen und sie ver-

schüttet wurden, die Angst, unter den Trümmern lebendig begraben zu werden. Kaum verwunderlich, wenn unter solchen Voraussetzungen ein übergreifendes kommunales Leben, eine quasi urbane Gemeinschaft gar nicht mehr möglich war. Die Familie rückte immer enger zusammen. Wenn der Vater an der Front war, musste die Mutter alle Fäden in der Hand halten, lastete alle Verantwortung allein auf ihren (oftmals vorher für absolut unbelastbar gehaltenen) Schultern. Der Radius für jede Art von Aktivitäten wurde immer enger gezogen. Die Millionenstadt Hamburg teilte sich in lauter kleine Inseln. Nach den Bombenangriffen von 1943 war es für Zivilisten ohnehin nur noch unter größten Strapazen möglich, von einem

Stadtteil in den anderen zu kommen. Von unsagbar viel Glück konnte sagen, wer das Inferno der Bombenangriffe in den von Angriffen verschonten Stadtteilen unbeschadet überleben durfte.

Ein riesiger Feuerball

Bei Entwarnung, wenn die Luft wieder rein war, durften auch wir Kinder nach draußen und „mal gucken". Aus allen Himmelsrichtungen bot sich besonders nach den Angriffen im Sommer 1943 ein gespenstisch anmutender Anblick. Der Himmel über der Innenstadt war ein einziger, gewaltiger, riesiger Feuerdom. Glutrot. Noch am nächsten Tag wurde der Osten Hamburgs wegen der Luftströmung von See her von dicken Qualmwolken verfinstert.

Der typische Korb-Kinderwagen der 40er und 50er Jahre.

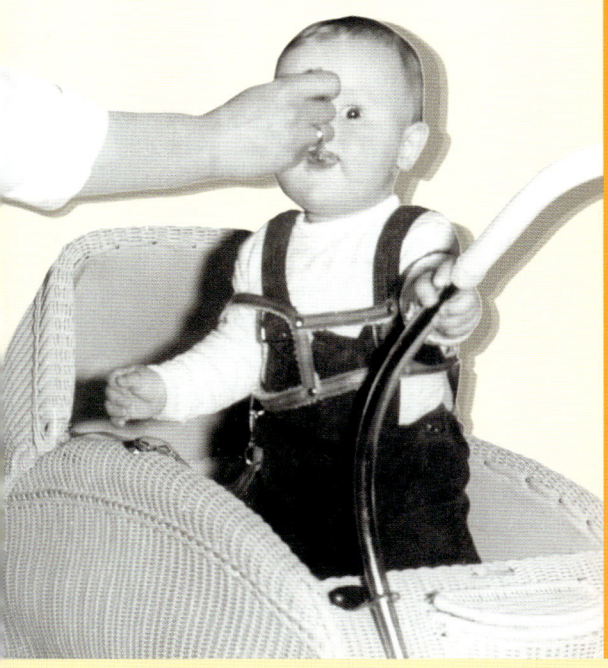

14. Juni 1940
Paris wird kampflos von der deutschen Wehrmacht besetzt.

14. November 1940
Die deutsche Luftwaffe zerstört das englische Coventry.

3. Oktober 1942
Deutschen Wissenschaftlern gelingt von Peenemünde aus der erste Start einer Fernrakete ins All.

2. Februar 1943
Die 6. Armee kapituliert in Stalingrad.

6. Juni 1944
Landung alliierter Truppen in der Normandie.

20. Juli 1944
Attentat auf Hitler schlägt fehl.

25. September 1944
Hitler ordnet an, den „Volkssturm" zu mobilisieren.

13. Februar 1945
Dresden geht im Bombenhagel unter.

30. April 1945
Hitler begeht Selbstmord.

8. Mai 1945
Bedingungslose Kapitulation des Deutschen Reiches.

6. August 1945
Die USA werfen Atombomben auf Hiroschima und Nagasaki.

Runter in den Keller!

Der nächste Fliegeralarm kam bestimmt. Zu welcher Tages- oder Nachtzeit auch immer. Und dann hieß es wieder „Runter in den Keller!" Nur wenige Hamburger fanden in einem der auf das Stadtgebiet verteilten, gewaltigen Bunker wie auf dem Heiligengeistfeld eine halbwegs sichere Zuflucht. Nach der Ausbombung dienten die Bunker ebenso wie die Lauben in den vielen Schrebergärten im Stadtgebiet für die Obdachlosen auch als vorläufiger „Wohnsitz". Die meisten Menschen begaben sich bei Alarm mit Hund und Kanarienvogel (wenn der Blockwart es zuließ) und mit den ständig gepackten Koffern in die Keller ihrer Häuser. Die Kasematten vor den Kellerfenstern oder auch kleinere Licht- und Luftschächte auf Fußweg-Niveau waren mit riesigen Betonklötzen abgedeckt. An den Hauswänden zeigten dicke weiße, aufgemalte Pfeile und Zahlen an, wo die Bergungsmannschaften im Notfall graben und nach Verschütteten suchen mussten.

Für uns Kinder standen je nach Größe und Anzahl der Schutzräume ein oder mehrere Etagenbetten bereit. Auf den prall gefüllten Strohsäcken ließ es sich prächtig schlafen – oder auch toben.

Der schwarze Kasten an der Hauswand im Hintergrund war mit Sand gefüllt und sollte – wie die Betonklötze – das Kellerfenster dahinter vor Bombensplittern schützen.

Die Sonne schimmerte als glutroter Ball durch den schwarzen Rauch, aus dem es Ruß regnete.
Wir Kinder wussten nur, dass da was Schreckliches passiert sein musste. Das wahre Ausmaß der Katastrophe überstieg ohnehin nicht nur unsere Vorstellungskraft. Aber das Leben ging weiter. Und da der Mensch bekanntlich ein Gewohnheitstier ist, findet er sich mit der Zeit eben auch in außergewöhnlichen Situationen zurecht, nimmt sie als gegeben hin. „Glücklich ist, wer vergisst, was nicht mehr zu ändern ist". Erträglicher wird die Lage schließlich noch dadurch, dass es dem lieben Nachbarn ja auch nicht besser ergeht.

Die reinsten Packesel

Das Neben- und Miteinander der unterschiedlichsten Charaktere ließ übrigens vielsagende Studien zu. Im Angesicht der Gefahr „outeten" sich die Menschen, wie man heute sagen würde. Auch wenn wir Lütten für die einzelnen Typen noch kei-

Immer, wenn jemand mit Fotoapparat aufkreuzte, versammelten sich die Lütten und stellten sich in Reih und Glied auf. Auf diesem Foto in der Nähe der Apostelkirche in Eimsbüttel.

ne Schubladen hatten, die Unterschiede blieben auch uns nicht verborgen.

Da gab es die Zuversichtlichen, die nach der Devise lebten: Wenn alles in Trümmer fällt und ich hier heil rauskomme, wird's schon irgendwie weitergehen. Das letzte Hemd hat ohnehin keine Taschen ...! Diese Spezies Bunkermensch hatte höchstens ein paar Urkunden, Ausweise und Geld in Taschen und Brustbeutel bei sich. Andere wiederum waren die reinsten Packesel. Diverse Umhängetaschen, Brotbeutel und Feldflasche baumelten an ihnen herunter und machten sie praktisch bewegungsunfähig. Koffer standen ebenfalls griffbereit.

Wir Lütten ergriffen im Unterbewusstsein wohl Partei für die eine oder andere Verhaltensweise. Viele von uns stellten in diesen extremen Situationen die Weichen fürs Leben, für die spätere Lebensphilosophie. Wollte man so sein wie die völlig Verängstigten, die zitternd in irgendeiner Ecke hockten oder doch lieber wie der heiter Gelassene, der Fatalist, der seine Angst im Griff hatte und trotz Alarms nach oben und draußen ging, um sich das Schauspiel am Himmel ansehen zu können?

Kinder zuerst

Die Keller der einzelnen aneinandergrenzenden Wohnblocks waren damals durch einen Mauerdurchbruch miteinander verbunden. Für alle Fälle war damit die Möglichkeit geboten, sich im Notfall ins eventuell heil gebliebene Nachbarhaus zu retten. Für uns Kinder natürlich eine willkommene Gelegenheit, in Alarmpausen durchzuklettern

Das kleine, fröhliche Mädchen lebte nahe dem zerbombten Viertel (Foto unten). Es überlebte den Bombenhagel in der Rothenburgsorter Kleingartenkolonie Billerhuder Insel.

und auf Entdeckungsreise in die Keller der Nachbarhäuser zu gehen.

Wir Kinder kamen natürlich spielend durch das Loch – aber was war mit den „Packeseln"? Sie wären mit ihrem dicken Achtersteven doch garantiert im Durchbruch hängen geblieben, hätten den Fluchtweg verstopft. Daher war auch von vornherein klar: Wenn wir rüber müssen, die Kinder zuerst, am Schluss die Bepackten.

Tannenbäume

Wenn ein Erwachsener sich raustraute aus dem Luftschutzkeller, dann versuchten manche von uns heimlich hinterherzuschleichen, um auch mal einen Blick zu riskieren. Auf die bei Nacht abgeworfenen „Tannebäume", die den Himmel

so gespenstisch erleuchteten, oder das Aufblitzen der explodierenden Flakgranaten, deren herabgefallenen Splitter wir sammelten und zu begehrten Tauschobjekten machten. Unvergessen auch das Schauspiel, wenn im Lichtkegel eines der mächtigen Bodenscheinwerfer ein feindlicher Bomber „eingefangen" war, der dann zur Zielscheibe für die Flak wurde. Oder wenn in großer Höhe wie ein Starenschwarm ein Bomberverband über uns hinwegbrummte. Richtung Berlin. Man dachte schon an Entwarnung, dann kehrte der Schwarm in einiger Entfernung plötzlich wieder um und lud seine Fracht doch über Hamburg ab. So was gehörte wohl zur psychologischen Kriegsführung. Es zermürbte die Menschen.

„Bewegungen" der Bombergeschwader wurden im Radio gemeldet. Mit völlig ruhiger Stimme wurde das nahende Unheil angekündigt. Der Sprecher hieß bei uns nur „Mr. Baldrian"

Nach den Angriffen im August 1943: In der Gotenstraße in Hammerbrook ragen die Eisenträger wie ein Mahnmal aus den Trümmern.

Hamburg im
Bombenhagel

Unter dem Decknamen Operation „Gomor-rha" flogen die Alliierten Bomberkommandos ihren bis dahin schwersten Luftangriff. Ziel in der Nacht vom 24. zum 25 Juli 1943 war Hamburg. 740 britische Flugzeuge warfen zunächst Millionen von Aluminiumfolien über der Stadt ab und legten damit sämtliche Or-tungsgeräte der deutschen Flugabwehr lahm. So gut wie ungestört konnten die Briten 2 300 Tonnen Bomben über Hamburg ab-werfen. Durch Brandbomben entstanden un-zählige Feuer. Druckunterschiede bewirkten einen Feuersturm von Orkanstärke, der durch die bombardierten Viertel raste und selbst bis in die Luftschutzkeller vordrang. Aus der un-geheuren, unvorstellbaren Hitze gab es kein Entkommen. Wer in der Nähe eines Gewäs-sers oder Fleets wohnte, sprang hinein und wartete schwimmend oder bis zum Hals im Wasser stehend, bis die Hitze abgeebbt war. Bis zum 3. August flogen die Briten sechs weitere Angriffe und warfen insgesamt 85 000 Phosphorbomben und Flüssigkeits-brandbomben, drei Millionen Stabbrandbom-ben, 25 000 Sprengbomben, 1 200 Luftmie-nen, 500 Phosphorkanister und 500 Leuchtbomben ab. 30 482 Menschen ließen in dem Inferno ihr Leben, darunter über 5 000 Kinder. Mehr als die Hälfte der Stadt wurde zerstört. Tausende wurden obdachlos.

Die Tommies kommen

Einen Vorgeschmack auf „Multi-Kulti" in unserer Stadt gab es schließlich, als mit der kampflosen Übergabe Hamburgs die Zeit der Besatzung be-gann und die Engländer einmarschierten. An je-nem 3. Mai 1945 waren an den Hauswänden Pa-rolen wie „ein Hundsfott, wer jetzt den Führer verlässt" mit einer amtlichen Bekanntmachung überklebt. Und da war dann zu lesen: „Ab 13 Uhr besteht Ausgehverbot für die Bevölkerung ..., die Dauer des Ausgehverbots wird von der Disziplin der Bevölkerung abhängig gemacht."
Wer von uns am Stadtrand wohnte, hörte dann auch schon bald in der Ferne das nahende Dröh-nen der Panzermotoren und das unverwechsel-bare Rattern der Panzerketten. Der Ruf „Die Tom-mies kommen" verbreitete sich wie ein Lauffeuer. Es fiel kein Schuss mehr.

Kampflos übergeben

Aber es hätte auch weit schlimmer enden kön-nen: Im April 1945 hatte Hitler befohlen, die Fes-tung Hamburg bis zum letzten Mann zu verteidi-gen. Generalmajor Alwin Golz, Kampfkommandant der Stadt, erkannte jedoch die Unsinnigkeit die-ses Befehls. Er konnte Hamburgs NS-Gauleiter Karl Kaufmann davon überzeugen, dass die Ver-teidigung den totalen Untergang der Stadt bedeu-ten würde. Der Offizier nahm mit den Engländern südlich der Elbe Kontakt auf. Am 2. Mai 1945 wur-de die kampflose Übergabe Hamburgs vereinbart. Britische Panzer der 7. Division rollten zum größten Teil über die Elbbrücken und vom Osten kommend

Das Rathaus hatte die Bombenangriffe
nahezu unbeschädigt überstanden.

über Bergedorf in die Stadt ein. Die 7. Division der „Tommys" wurde durch ihren Kampf in Nordafrika gegen Rommel als „die Wüstenratten" berühmt.

Große Neugier

Die einen machten sich vor Angst in die Büx, bei anderen siegte die Neugier. Wir Jungs gehörten zu den Neugierigen. Uns hielt nichts in den Wohnungen. Wir hatten im Stadtteil Bergedorf die Chance, den Einzug der Gladiatoren vom Geesthang aus zu beobachten. Und wir nutzten die Chance. Wir hörten und sahen unten auf der Brunnenstraße, dem alten Postweg von Hamburg nach Berlin, der Reichsstraße von Husum in die Reichshauptstadt die Panzer, Panzerspähwagen, Jeeps und Laster vorüberrollen. Eine endlos scheinende Kolonne.

Erleichterung

Natürlich war das Ganze für uns „unheimlich spannend". Aber wie lange? Man gewöhnt sich schließlich an alles. Auch an vorüberziehende Soldaten. Doch dann bog ein Teil der Kolonne plötzlich von uns aus gesehen rechts ab und kam zu uns auf den Gojenberg hoch. Aber Hallo. Jetzt hieß es für uns, schnell den Rückzug antreten, sonst wären die Panzer zwischen uns am Geesthang und unserer Behausung gekommen.

Tja, und dann hielten sie am Straßenrand, stiegen aus – und winkten. Ja, tatsächlich: Sie winkten! Vermutlich waren die Tommies genau so froh darüber, dass alles einigermaßen friedlich abgelaufen war, dass die „elende Scheiße" endlich ein Ende gefunden hatte.

Chronik

3. April 1946
Nach ihrem Verbot durch die Nazis im Jahre 1933 erscheint die Tageszeitung „Hamburger Echo" wieder.

15. Dezember 1946
In Hamburg erscheint die Programmzeitschrift „Hör Zu".

18. April 1947
Mit der stärksten Explosion, die je mit konventionellem Sprengstoff ausgelöst wurde, zerstören die Briten die Insel Helgoland.

20. November 1947
Der Hamburger Autor Wolfgang Borchert („Draußen vor der Tür") stirbt in Basel.

24. Juni 1948
Berliner Blockade. Die Alliierten richten die Luftbrücke ein.

14. Oktober 1948
Die erste Ausgabe des „Hamburger Abendblatt" erscheint auf dem Markt.

7. September 1949
Gründung der Bundesrepublik Deutschland.

16. September 1949
Die Boulevardzeitung „Hamburger Morgenpost" kommt auf den Markt.

17.. Juni 1950
Rowohlt bringt als erster europäischer Verlag Taschenbücher auf den Markt (rororo / Rowohlts Rotations-Romane).

Rodelvergnügen in den 40er Jahren auf dem abschüssigen Kirchhofsweg in Bergedorf. Oft ging die Rutschpartie bis über die unten liegende B5. Autos waren ja kaum unterwegs …

Platz vor de
Glitsch

Bei allem Schrecken, den die kalten Winter in den 40er Jahren verbreiteten, sie hatten auch ihr Gutes: Es schneite, und der Schnee blieb liegen, wir konnten rodeln.

Abschüssige Straßen von der Geest herunter, draußen in den Harburger Bergen oder auf der Doktorbahn im Bergedorfer Gehölz boten ideale Möglichkeiten für ausgelassene Fröhlichkeit beim Wintersport. Außerdem fror es Stein und Bein, die zahlreichen Seen in und um Hamburg hatten eine feste Eisdecke. Selbst eine zugefrorene Alster war keine Seltenheit. Schlittschuhlaufen war angesagt. Oder Glitschen: Auf einer Eisbahn, die auf Gewässern oft nur vom Schnee frei gefegt werden musste. Man nahm dabei einen Anlauf, rief „Platz vor de Glitsch" und glitt dann stehend freihändig über die schmale Eisbahn. Ein herrliches Vergnügen, auch wenn Ungeübte dabei nicht selten auf den Hintern fielen. Glitschen wurden auch auf Fußwegen angelegt. Wir gossen ganz einfach Wasser auf den Boden und warteten, bis sich die Eisbahn gebildet hatte. Mit ein paar Eimern Wasser verwandelten wir dann auch lockeren Schnee in feste Eishöhlen.

Es wird eng

Wir kletterten schon sehr bald auf den Militärfahrzeugen rum und, staubten mal ein Stückchen Seife oder eine Büchse Cornedbeef ab. Es mag seltsam klingen – aber wir Kinder kamen prächtig mit den Tommies aus. Einige traf es aber auch sehr hart, denn da es sich die Besatzer in Bergedorf wie in den anderen Stadtteilen einigermaßen gemütlich machen wollten, mussten zwangsläufig etliche Parterrewohnungen, Einfamilienhäuser und Villen geräumt werden. Eine kaum für möglich gehaltene Belastung für die Zivilbevölkerung. Mussten in den heil gebliebenen Häusern doch schon so viele Ausgebombte aufgenommen werden. Aber da sagt der Hamburger schließlich nicht von ungefähr so treffend: Wat mutt, dat mutt!! Was sein muss, muss sein. Und fügt hinzu: „Kümmst du övern Hund, kümmst du övern Steert." Was soll's? Wir haben's überlebt. Die Bombennächte gehörten der Vergangenheit an, was da aber noch so auf uns zukommen sollte, war allerdings auch nicht von schlechten Eltern.

Normalverbraucher

Uns knurrte ständig der Magen. Jetzt hielt uns nicht mehr der „Fliegeralarm" wach, wir „kamen vor Hunger nich in'n Schlaf", wie es so schön heißt. Selbst, wenn einer von uns über den Luxus eines Kühlschranks im Hause verfügte. Was nützte der, wenn er ständig leer war!? Aus der meist von der Küche her „begehbaren" Speisekammer gähnte uns zwangsläufig diese allgegenwärtige Leere an. Sinnbild für die Hungerleider der Nachkriegszeit wurde für uns der Schauspieler Gert Fröbe als Otto Normalverbraucher in dem Film „Berliner Ballade". Der Normalverbraucher war ein „Anspruchsberechtigter" ohne besondere Vergünstigungen, wie sie etwa Schwer-, Schwerstarbeitern, Schwangeren oder auch Säuglingen zustanden. Er bekam nur die normale Lebensmittelkarte. Gert Fröbe, den wir später als schwergewichtigen, bulligen, wuchtigen Typen schätzen und lieben lernten, lief nach dem Krieg als Hungerhaken über die Kino-Leinwand, als wandelndes Gerippe – eben genauso wie wir, die wir ja auch Normalverbraucher waren.

Sehr oft blieben Jungs und Mädchen beim Spielen unter sich.

Bürgermeister
Max Brauer

Der 1887 geborene Glasbläser Max Brauer war Oberbürgermeister in Altona, bevor er vor den Nazis flüchten musste und ins Exil ging. Gleich nach dem Krieg kehrte der SPD-Politiker nach Deutschland zurück. Bei den ersten freien Wahlen am 13. Oktober 1946 holte er 81 der 110 Sitze in der Hamburger Bürgerschaft für die SPD. Trotz der absoluten Mehrheit band Max Brauer die Freien Demokraten in die Regierungsverantwortung ein. Sein politisches Ziel war, dass Arbeiterschaft und Kaufmannschaft in der Hansestadt an einem Strang ziehen sollten. Max Brauer wurde in der Stunde null zum großen Hoffnungsträger – und enttäuschte nicht.

riationen. Nur nicht als Hamburger Nationalgericht Birnen, Bohnen und Speck. Woher sollte Mutti den Speck nehmen? Wenn mehr Brechbohnen geerntet wurden als frisch verbraucht werden konnten, wurden sie eingemacht, eingekocht. Dann hieß es, Bohnen in die Waschwanne, säubern, von den Spitzen her mit dem Messer eventuelle Fäden abziehen und die Bohnen in kleine Stücke brechen.

Danach nicht ganz gar kochen und in vorher gründlich gesäuberte Weckgläser füllen. Gummiring zum Abdichten und Deckel drauf und mit einer Klammer sichern. Das ganze in einen Waschtopf mit genügend Wasser am Boden zum Kochen bringen. Die Luft in den Gläsern dehnt sich aus, entweicht. Wenn das Ganze anschließend wieder abkühlt, wird der Deckel fest auf das Glas gedrückt. So fest, dass es später oft Mühe machte, das Weckglas wieder zu

Abgezogen und eingekocht

Wohl dem, der damals einen Schrebergarten oder eine Rasenecke am Haus hatte, die er umgraben und bepflanzen konnte. Kartoffeln, Erbsen und Bohnen standen hoch im Kurs – wenn es der Hobbygärtner denn schaffte, das kostbare „Saatgut" vor den hungrigen Mäulern über den Winter zu retten. (Besonders viel Eifer galt dem Anbau von Tabak)

Nicht ganz so schön, wenn als Folge einer guten Ernte vom Juli an nur noch grüne Bohnen auf den Tisch des Hauses kamen. In allen möglichen Va-

Die Sandkiste war schon immer ein beliebter Spielort.

Ein Blümchen unter lauter Gartenblumen: Bohnen pflücken brauchte die Lütte noch nicht.

Auf Hamstertour

Zur Erntezeit im Spätsommer und Herbst war die Freizeit für viele von uns nur noch knapp bemessen. Dann hieß es nämlich Körbe, Beutel, Säcke oder Rucksäcke geschnappt und zu Fuß, per Rad, Bus oder Bahn ab nach draußen in die ländliche Idylle, um Ähren zu sammeln oder Kartoffeln nachzuhacken. Die Ziele lagen rund um Hamburg, in allen Himmelsrichtungen. Ob nun auf den Feldern von Harburg aus in Richtung Winsen, westlich raus in Richtung Wedel, Elmshorn, nördlich Richtung Tangstedt oder zwischen Bergedorf und der einstigen Exklave Geesthacht, in Börnsen, Escheburg, Fahrendorf, Kröppelshagen oder Dassendorf.

öffnen. Die dafür vorgesehene „Lasche" am Gummiring riss nur allzu gern ab. Vor allem, wenn der Ring durch mehrfache Benutzung bereits „so'n büschen" porös geworden war.

Schwarzmarkt an der Reeperbahn, Ecke Hamburger Berg. Weitere „berühmt-berüchtigte" gab's in der Talstraße und in der Nähe vom Schulterblatt. Bei Razzien wurde uns Kindern oft die schwarze Ware zugesteckt, weil wir nicht kontrolliert wurden. Hinterher mussten wir sie wieder rausrücken.

Mit dem Hacker auf den Acker

Da saß man dann rechtzeitig im Knick am Rande des Ackers und sah zunächst noch dabei zu, wie der Bauer und seine Leute die Erdäpfel an die Oberfläche pflügten, wie das ans Tageslicht Geförderte eingesammelt, in Säcke gefüllt oder auch gleich auf die Ladefläche des Anhängers vom Lanz Bulldog geworfen wurde. Das alles geschah meist unter Aufsicht eines Udls (Schutzmanns, Polizisten), um die nachhackwütigen „Feldbelagerer" vom vorzeitigen Hacken abzuhalten, vom Nach- zum Vorhacker zu machen.

Zog der Bauer endlich ab und wurde die Koppel freigegeben, wurde das Terrain sofort gestürmt. Da blieb kein Quadratmeter unbehackt. Das ging kreuz und quer, rauf und runter, hin und her. Aus heutiger Sicht haben die Bauern – vermutlich gewollt – sehr schlecht gearbeitet. Sie ließen so manchen Zentner im Boden zurück. Natürlich zu unserer Freude.

Im Marschboden war das Umgraben im Garten ganz schöne Knochenarbeit.

Mutti zaubert

Und was geschah zu Hause mit dem Segen? Kochen war ja kein Problem – jedenfalls solange das Gas nicht abgedreht und Glut im Ofen war. Aber

Die große Schaukel im Stadtpark war vor allem sonntags immer besetzt.

Bratkartoffeln? Woher das nötige Fett nehmen? Mutti versuchte zwar auch, mit Hilfe von Kaffeesatz zu braten, was aber nur begrenzt mit Tendenz zu absolut null Zustimmung fand. Aber man hatte ja auch noch die Wahl zwischen zwei Tage trockene Kanten oder Kniebel Brot ohne Margarine und dafür Fett für die Pfanne.

Kartoffelpuffer oder -pfannkuchen waren ebenfalls eine Köstlichkeit, die seinerzeit noch für ein Nebenprodukt sorgten: Die Flüssigkeit, die sich beim Reiben oder Durchdrehen der Kartoffeln bildete, wurde vom „Mus" getrennt und in eine Extraschüssel gegeben. In kurzer Zeit geschah dann immer wieder das Erstaunen hervorrufende kleine Wunder, dass sich auf dem Grund der Schüssel, unter dem trüben Kartoffelsaft dieses herrliche, schneeweiße Kartoffelmehl absetzte, das sich so schön stumpf anfühlte und zum sämig machen, zum Andicken von Schüs (Soßen) und Suppen unerlässlich war.

Feinstes Mehl

Beim Ährensammeln auf den abgeernteten Feldern – Weizen, Roggen, Gerste und auch Hafer – begann die eigentliche Arbeit erst zu Hause, nämlich das „Dreschen". Dazu wurden die Ähren so locker in einen Sack gefüllt, dass sie noch unsanft hin und her gerubbelt, geschüttelt, schlicht „gebeutelt" werden konnten. So lange, bis die Ähren leer waren. Jede Einzelne wurde noch mal in Augenschein genommen und daraufhin getestet, dass auch wirklich „nix mehr drin" war. Schließlich ging es mit den Körnern in einer Abwaschschüssel an die frische Luft, um im frischen Wind die Spreu noch vom Weizen zu trennen. Dazu ließ man das

Mutti und Töchterchen in der Wohnküche. Auf dem Tisch die Schüsseln fürs Geschirrspülen, die auch dabei halfen, die Spreu vom Weizen zu trennen.

Korn langsam von oben in eine zweite Schüssel auf den Boden rieseln. Die leichten Spelzen wurden dabei dann nach und nach „vom Winde verweht".

Die Kaffeemühle

Im nächsten Arbeitsgang wurde das Getreide gemahlen. Dazu musste in den meisten Haushalten die handgekurbelte Kaffeemühle herhalten. Schublade für Schublade füllte sich im Laufe von Stunden. Wurde der Arm lahm, musste der nächste Arm oder Zugucker ran. Man hatte dann aber ja erst die sogenannte Kleie. Für den Kuchen wurde weißes Mehl gebraucht Kein Problem: Die Kleie wurde in Muttis Seidenstrumpf gefüllt und sanft bis mäßig geschüttelt. Und siehe da: Auf dem Tisch sammelte sich nach und nach ein

tert. Nicht selten musste man noch ein Brikett mitbringen, damit der Lehrer einheizen konnte, um nicht im Kalten sitzen zu müssen.

Und die Lehrer, geboren im Kaiserreich, aufgewachsen mit Maximen in Sachen Zucht und Ordnung, mit pädagogischen Wurzeln in der Weimarer Republik und entweder glühende Verehrer oder auch nur Erdulder der braunen Machthaber – die Lehrer und Lehrerinnen taten ihr Bestes, auch in der vierten politischen Stilrichtung ihrer Arbeitgeber den Schutzbefohlenen beizubringen, was sie fürs Leben brauchten.

Am Sonntag im Schrebergarten fand sich die Zeit, Aufnahmen fürs Familienalbum zu machen.

ansehnliches Häufchen feinsten Weizenmehls an. Wer Beziehungen hatte, konnte das Korn gleich beim Bäcker gegen Brot eintauschen oder das Getreide irgendwo mahlen lassen. Recht umständlich war es auch, aus Zuckerrüben Sirup zu kochen. Aber wir wollen hier ja kein „Kochbuch für Notleidende" schreiben.

Gelernt wird überall

Die Zeit als ABC-Schützen und was danach so kam, haben die meisten von uns sicherlich als ziemlich chaotisch in Erinnerung. Viele Schulen waren dem Erdboden gleichgemacht, nicht zerstörte Gebäude dienten als Lazarett oder waren anderweitig belegt. Der Unterricht fand auf Sälen in Gasthäusern, in allen sonst wie zur Verfügung stehenden Räumlichkeiten oder in Privathäusern statt. Überall, wo Platz war, wurde gepaukt und Wissen eingetrich-

Hamburg
international

Am 5. Februar 1958 bezog die erste bundesdeutsche „Internationale Schule" ihr Domizil am Harvestehuder Weg. Mit 86 Kindern von Diplomaten, konsularischen Angestellten, Kaufleuten und Ingenieuren aus insgesamt 14 Nationen nahm die Schule den Unterricht auf.

Dann gab's was hinter die Löffel

Eines hatte sich in den zurückliegenden Jahrzehnten allerdings nicht geändert: Wenn die Göre zu frech oder zu faul waren, kam erst die drohende

Aufräumen und Wiederaufbau in der Gorch-Fock-Schule.

Frage „Dir juckt ja wohl das Fell?" Und dann wurde auch schon mal der „kleine Gelbe", die „gelbe Gefahr", der Rohrstock oder Reetje aus dem Schrank geholt und es gab zwecks Disziplinierung Hiebe auf den Achtersteven oder auf die vorgestreckten Hände, wurden dem ungehorsamen Macker die Ohren lang gezogen oder es gab einen Backs. Die Prügelstrafe wurde offiziell erst 1973 abgeschafft.

Gym-tauglich?

Nach vier Jahren Grundschule waren wir alle an dem Punkt angelangt, von dem aus es in drei verschiedene Richtungen weiterging. Der eine Trupp ging den Weg geradeaus weiter und blieb auf der Volksschule, der andere entschied sich für den Oberbau und machte die Mittlere Reife, und der dritte ging zur Oberschule, aufs Gymnasium. Letztere mussten allerdings vorher noch einen vierzehntägigen Testunterricht über sich ergehen lassen, in dem die Aspiranten eingehend geprüft wurden, ob sie denn auch „gym-tauglich" waren. Da wurde so manche bittere Träne geweint. Mit der Schulausbildung war schon mal die grobe Richtung via berufliche Zukunft festgelegt. Die einen nutzten ihre Chance, die die anderen gar nicht erst bekamen, die anderen machten nichts draus, blieben auf der Strecke. Das alte Lied.

Die „Lehranstalten" hatten untereinander kaum Berührungspunkte. Es sei denn, einzelne Schulklassen trafen sich, wenn sie an größeren Sportveranstaltungen teilnahmen, in Hallenbädern gemeinsam zum Schwimmen gingen, bei Museumsbesuchen oder im Theater.

Altehrwürdig

Man trug seinerzeit zwar keine Schuluniform, Unterschiede waren rein äußerlich auch nicht erkennbar, aber ein leiser Hauch von Exklusivität wehte schon durch den Raum, wenn die Schüler der Gelehrtenschule des Johanneums, der ältesten und traditionsreichsten Schule der Hansestadt aufkreuzten. Die Schule wurde von Johannes Bugenhagen, dem Reformator und Freund Luthers 1529 gegründet und befindet sich seit 1914 an der Maria-Louisen-Straße in Winterhude.

Sehr geschichtsträchtig ist auch das Christianeum in der Nähe vom Bahnhof Klein-Flottbek. Es wurde 1738 in Altona gegründet und nach dem dänischen König Christian VI. benannt, der in Personalunion auch Herzog von Holstein und damit Landesherr der Stadt Altona war. Die Klosterschule als Höhere Mädchenschule in der Nähe vom Berliner Tor wurde 1872 gegründet.

Hamburg zählt übrigens 105 Stadtteile mit etwa 240 Grund-, Haupt- und Realschulen, zahlreichen Förder-, Sonder- und Gesamtschulen sowie 70 Gymnasien. Als Namensgeber sind u. a. Albert Schweitzer, Alexander von Humboldt, Carl von Ossietzky, Emilie Wüstenfeld, Friedrich Ebert, Goethe, Heine, Heisenberg, Lessing und Matthias Claudius dabei.

Wir spielen

„Was kann man ma' mach'n?", lautete die hamburgisch eingefärbte Frage, die häufig gestellt wurde, standen zwei oder mehr von uns an irgendeiner Straßenecke oder auf einem Hinterhof zwischen Altona und Wandsbek oder Poppenbüttel und Harburg. Man wusste halt oft nicht so recht, was mit sich anzufangen. Einer sagte dann garantiert „auf'm Kopp stehn un' lachen!", was wiederum ein müdes Ha Ha Ha provozierte – oder vielleicht ja auch ansporte, bessere Vorschläge zu machen. Der Fantasie waren also keine Grenzen gesetzt. Und dann war damals wie heute natürlich noch der angeborene Zwang, den Großen nachzueifern.

Gewehr und Säbel

Wenn Papa im Krieg und die großen Jungs beim Jungvolk oder in der Hitler-Jugend marschierten, wen wundert's da noch, dass wir Lütten unseren

Cowboy spielen stand spätestens Ende der 50er bei den Jungs hoch im Kurs.

Vorbildern nacheiferten und mit wachsender Begeisterung Soldat spielten. Die Rang- oder Hackordnung war meist genauso wie bei anderen Spielen: Wer sich durchsetzen konnte, war Hauptmann, der Rest musste gehorchen. Gewehre und Säbel waren aus Holz – entweder ein schlichter Knüppel, geschnitzt oder aus einem Brett herausgesägt, das noch nicht zu Brennholz verarbeitet worden war. Und da das Soldatspielen eine reine Jungsangelegenheit war (es sei denn, wir brauchten eine Krankenschwester), spielten die Mädchen meist im Nachbarhaus, auf einem anderen Flur oder in einer anderen Hofecke mit ihren Puppen. Im Prinzip war es jedoch so, dass wir oft dieselben Spiele spielten, egal ob Jungen oder Mädchen.

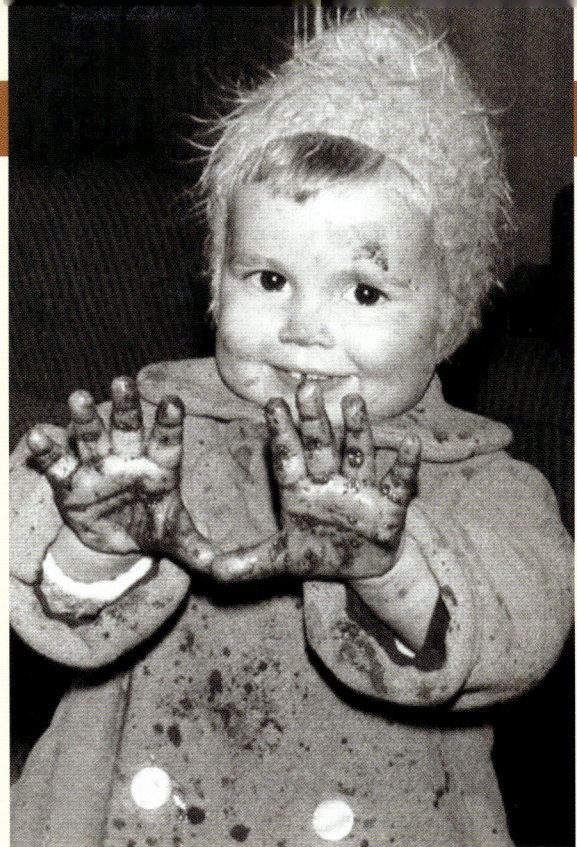

Noch war in Hamburg nicht alles zubetoniert und asphaltiert. Die Kinder spielten im Baggermatsch und sahen dann entsprechend aus.

Feindliche Linien

Weniger schön war beim Soldatenspielen meist nur, dass sich auch in der Nachbarschaft solche Trupps angriffslustiger Jungs zusammenfanden. Und da wurde dann auch schon mal so was wie eine Straßensperre aufgebaut. Pech, wenn man dann, mit einer Blechkanne „bewaffnet", die feindlichen Linien überwinden musste, um an der übernächsten Ecke Milch zu holen. Da musste man schon mal Umwege in Kauf nehmen oder einen mit Handschlag besiegelten Vertrag für freies Geleit auf dem direkten Weg zum Tante-Emma-Laden schließen. Mit der „bedingungslosen Kapitulation" war natürlich auch mit dem Soldatspielen Schluss. Aber wo lag das Problem? Schließlich gab es reichlich Spiele, mit denen sich die Kinder schon vor dem Krieg die Zeit vertrieben hatten.

Das knallt so schön ...

Bei Jungs und Deerns war vorwiegend im Herbst das Laufen mit dem Blökerpott beliebt: Mit Hammer und Nagel wurde die Unterseite einer ausgedienten Konservendose für den erforderlichen Durchzug durchlöchert. Zwei weitere Löcher am Fuße und am oberen Rand der Dose dienten zur Befestigung eines Drahtes, mit dessen Hilfe man dann den Blökerpott durch die Luft schwenken konnte. Natürlich wurde er vorher mit allerlei brennbarem Zeugs wie Laub, Sägespäne oder auch einem Stück Stoff vollgestopft – und angezündet. Herrlich die Qualmfahne, die wir dann im Laufen hinter uns herzogen.

Ob ich Vatis Manuskript in der Reiseschreibmaschine nicht noch ein bisschen verlängern kann?

Weil's so schön knallte, haben wir auch Schlüssel mit hohem Schaft mit dem Abrieb von Streichholzköpfen gefüllt, einen passenden Nagel in die Öffnung gesteckt und das Ganze dann mit Hilfe eines Bindfadens exakt waagerecht und mit dem Nagel zuerst gegen die Wand geschleudert. Peng!

Ditschen

Beliebt war ebenfalls das „Ditschen". Aus etwa drei Metern Entfernung mussten Münzen behutsam in Richtung Hauswand geworfen werden. Wer mit seinem Geldstück der Wand am nächsten kam, durfte das Geld einsammeln, musste es auf die Hand legen, vorsichtig hochwerfen, gleichzei-

tig die Hand drehen und das Geld mit dem Handrücken wieder auffangen. Dann wurde es noch einmal hochgeworfen und gegriffen. Was vorbeifiel, nahm sich der Zweitbeste – bis das Geld „gerecht" verteilt war.

Kippel-Kappel

Mit Begeisterung haben wir auch Kippel-Kappel gespielt, bei dem ein an beiden Seiten angespitztes, etwa 20 cm langes Rundholz (Kippel) über eine Rille im Boden gelegt wird und mit einem längeren Stab (Kappel) möglichst weit weggeschleudert wird. Die Gegenpartei musste versuchen, den Kippel mit einer oder beiden Händen zu fangen oder zumindest zu stoppen. Dann musste versucht werden, den über die Rille gelegten Kappel mit dem Kippel zu treffen. Eine andere Variante: Man schlägt vorsichtig mit dem Kappel auf das angespitzte Ende des Kippels, der dann schräg hochfliegt. Geschickte und geübte Spieler fingen ihn dann mit dem Kappel auf und hielten ihn möglichst lange in der Luft. Und das alles brachte Pluspunkte, förderte schließlich einen Sieger zu Tage.

Liebesball

Beim „Liebesball" heißt es wieder, in einer Reihe aufstellen. Eine oder einer wirft dem Ersten in der Reihe einen Ball zu und nennt dabei den Namen eines Mitspielers. Der oder die muss sich dann entscheiden: Wirft er oder sie den Ball mehr oder minder hoch, bedeutet dass, ich mag sie oder ihn sehr oder nur ein bisschen. Wird der Ball auf den Boden geschleudert, heißt das: Ich mag ihn oder sie ganz und gar nicht. Ganz schön hart für das Kind, bei dem der Ball auf die Erde gebackt wird. Kinder können ganz schön direkt und grausam sein.

Ele mele mu

Weil bei den meisten Spielen irgendjemand den Anführer, den Spielführer machen musste, und weil eigentlich jeder gern erster Mann „anne Sprütt" sein wollte, musste entweder das Los entscheiden oder der Abzählreim: „Ele mele mu, raus bist du. Raus bist du noch lange nicht, musst erst sagen wie alt du bist." Auf wen der Finger des Abzählen-

den bei der letzten Silbe deutete, der musste sein Alter nennen. Bei fünf Jahren wurde bis fünf weitergezählt. Der Fünfte schied aus dem Kreis der Bewerber aus. Wer am Schluss übrig blieb, hatte das Rennen gemacht. Weniger umständlich war die Prozedur bei „Ix, ax, ux, der rote Fuchs, die graue Maus und du bist raus!" oder bei „eene, meene ming mang, pink pank, ose pose ackerdeier, eier weier weg!", oder „ich und du, Müllers Kuh, Müllers Esel das bist du!"

Tja, und da wir damals „in der schlechten Zeit" höchstens mal bei schlechtem Wetter drinnen oder im Treppenhaus, die meiste Zeit aber auf der Straße, auf freiem Feld oder auch auf Trümmergrundstücken spielten, waren „schietige Füße" zwangsläufig an der Tagesordnung.

Bei warmem Wetter wurde der Badetag auf die Terrasse verlegt.

Am Ausguss

Wie's um die Hygiene – auf missingsch Hügenie – bestellt war, lässt sich recht gut mit einem Klein-Erna-Witz belegen: Da lehnt sich Mudders weit aus dem Fenster und ruft lautstark nach ihrer Tochter. „Klein Erna, raufkommen, Füße waschen. Mutti braucht die Schüssel fürn Salat!"

Das mag übertrieben klingen, kommt der Realität aber durchaus sehr nahe, denn Badezimmer oder Duschen in den eigenen vier Wänden gab es in den 40er und 50er Jahren eher selten. Und die Badewannen in den öffentlichen Bädern zu nutzen, war für die meisten auf Dauer viel zu teuer. Trotzdem wurde Sauberkeit nicht etwa klein geschrieben – auch wenn wir Kinder damals vermutlich jeden für verrückt erklärt hätten, der uns hätte weismachen wollen, dass jeder, der nicht

Der Jungfernstieg, seit jeher eine beliebte Flaniermeile für Jung und Alt

mindestens einmal am Tag duscht, schlecht riecht.

Einer der zentralen Punkte in der Küche war der meist noch gusseiserne Ausguss mit dem Wasserhahn, der so hoch angebracht war, dass man beim Waschen bequem den Hals drunterhalten konnte – und leider oft auch musste. Kaum erwähnenswert, dass nur eiskaltes Wasser aus der Leitung kam. Auch zum Zähneputzen. Eiskalt und doch so köstlich. 'ne Buddel Brause gehörte zu den absoluten Luxusgütern.

Badetag in der Wohnküche

Badetag war am Sonnabend, von uns Gören mit einem weinenden und einem lachenden Auge begrüßt. Schauplatz Wohnküche: die Zinkwanne auf zwei Stühlen vor dem Küchentisch. Auf dem Herd dampften Teekessel und Kochtöpfe mit heißem Wasser. Mutti näherte sich mit der von den Kindern meist argwöhnisch betrachteten Kernseife in der Hand.

Wir Lütten hockten auf dem Tisch und prüften mit dem großen Zeh so lange, bis die Mischung aus heißem und kaltem Wasser in der Wanne eine annehmbare Temperatur hatte. Zu heiß war genauso zuwider wie zu kalt. Und dann begann der Ärger: rein in die Wanne, Waschlappen vor die Augen, Haarschopf einseifen, tüchtig rubbeln und vom gröbsten Schaum wieder befreien. Hinstellen, von oben bis unten einseifen, wieder hinsetzen, Füße hoch, einseifen.

Der einigermaßen erträgliche Teil der Prozedur begann mit dem Abspülen. Zunächst mit dem Badewasser, dann wurden stehend in der Wanne mit lauwarmem Frischwasser becherweise die letzten Seifenreste vertrieben. Wenn man schließlich wieder auf dem Küchentisch saß, die Füßen waren abgespült und trocken, ein großes Handtuch hüllte uns wie eine Riesenkapuze von Kopf bis Fuß ein, dann war die Welt für uns kleinen Steppkes endlich wieder in Ordnung.

Wohlig

Und dann war da noch – nicht nur am Badetag – die wohlige Wärme, die im Winter vom Küchenherd ausging, die heiße Herdplatte, auf der man so wunderbar – falls vorhanden – eine Scheibe Schwarzbrot rösten konnte. In lebhafter Erinnerung auch noch, wie toll sich auf der geöffneten Klappe des Backofens das Hinterteil wärmen ließ. In vielen Küchen stand irgendwo noch ein kleiner Gasherd. „Gespeist" wurde er aus dem Rohrnetz von Hein Gas. Auf dem Flur hing die Gasuhr, ein Automat, der mit Groschen oder Markstücken gefüttert werden musste, bevor er das begehrte Gas für den Herd durchließ. War kein Geld im Haus, blieb das Gas aus.

Da in vielen Familien die Wohnstube wintertags nur am Sonntag geheizt werden konnte, fand das Leben meist in der Wohnküche statt. Ein Sofa krönte oftmals das Gesamtbild.

Fringsen

Der Mensch muss bekanntlich essen und trinken, will er auch nur dahinvegetieren – und der Ofen braucht Feuerung, soll er wärmen. Der Sommer

Noch 1950 suchten die Hamburger die Elbe bei Ebbe nach verwertbaren Hinterlassenschaften ab.

1945 war vorbei, der Winter stand vor der Tür. Womit wir beim brennenden Problem Nr. 2 der Nachkriegszeit angelangt wären: Woher Holz, Kohlen oder Koks nehmen, wenn nicht stehlen? Genau! Wo nichts ist, hat der Kaiser sein Recht verloren. Langer Rede kurzer Sinn: Um zu überleben, sind wir zur Not auch mal klauen gegangen. Sogar mit höchstem kirchlichen Segen: Silvester 1946 wurde selbst im überwiegend protestantischen Hamburg die Botschaft des Kölner katholischen Erzbischofs Josef Frings dankbar aufgenommen, in der er den „Diebstahl zur Erhaltung von Leben und Gesundheit" rechtfertigte. Das Wort „Fringsen" machte damals die Runde.

Brave Bürger

Schiller lässt in seinem Lied von der Glocke „Weiber zu Hyänen" werden, „wenn in dem Schoß der Städte ... das Volk zur Eigenhilfe schrecklich

greift". Die harten Nachkriegswinter mit ihren sibirischen Minusgraden machten aus vielen harmlosen, guten Menschen, zum Gehorsam dressierten

In den 40er und 50er Jahren wurden die meisten Fotos mit der Box geschossen – ein schlichter schwarzer Kasten ohne jede technische Raffinesse. Leicas waren Luxus.

Staatsbürgern Diebe und Plünderer. Kohlenklau war einer der verharmlosenden Begriffe, der dieser Zeit seinen Stempel aufdrückte.

Miniration

Wir gingen beim Kohlenklauen mit System vor. Nach Möglichkeit wurde nur wenig dem Zufall überlassen. Fakt war, dass die Kohlenzüge aus dem Ruhrgebiet mit ihrer kostbaren Fracht in fast allen Stadtteilen Hamburgs unterwegs waren. Kohlen, Koks und Briketts wurden in Kraftwerken, Fabriken, überall da, wo Lokomotiven unter Dampf standen und nicht zuletzt bei den Kohlenhändlern gebraucht, die die Zivilbevölkerung versorgten. Wir mussten damals mit lächerlichen 100 Kilo pro Haushalt für den ganzen Winter auskommen. Und selbst diese Miniration auf Bezugsschein konnte nicht immer bereitgehalten werden. Wo nichts ist ... wie schon gesagt.

Neue Währung –
40 Mark Kopfgeld

29. Juni 1948
Die Währungsreform in den drei Westzonen war die Initialzündung für das, was wir späterhin das deutsche „Wirtschaftswunder" nennen. Am 29. Juni 1948 verlor die Reichsmark ihre Gültigkeit und wurde im Verhältnis 1:10 abgewertet. Die Deutsche Mark, die DM trat ihren Siegeszug an. Zunächst bekam jeder 40 DM Kopfgeld. Gedruckt wurden Scheine im Wert von einer halben bis zu 100 Mark. Und man konnte etwas kaufen für sein Geld. Über Nacht waren die Schaufenster voll. Der Schwarze Markt und die „Zigaretten-Währung" waren nun passé.

Schwarzes Gold

Die Kohlenzüge rauschten natürlich nicht immer im Eilzugtempo an einem vorbei. Auf kriegsbedingt nicht mehr so ganz intakten Gleisen, ob nun in Wilhelmsburg, Harburg, Sternschanze, Altona, Rothenburgsort oder Bergedorf oder auch in Kurven, musste der Lokführer den Regulator schon mal fast dichtmachen und Schritttempo fahren – wenn die Wagen mit dem schwarzen Gold nicht sogar vor einem auf Halt gestellten Signal ganz stehen bleiben mussten. Es soll auch vorgekommen sein, dass besagte Signale „so 'n büschen" manipuliert wurden und ohne Hilfe des Mannes im Stellwerk das rote Halt anzeigten.

Alle waren dabei

Wie auch immer: Die Hamburger in den einzelnen Stadtteilen wussten, wo sie auf Beute lauern mussten. Plötzlich waren sie da. Wie herbeigezaubert. Waghalsige junge Männer sprangen zwischen die Waggons und kuppelten die Schläuche der Luftdruckbremsen aus oder schnitten sie fast durch. Auf alle Fälle blieb der Zug nun erst mal für eine Weile liegen. Alles ging jetzt blitzschnell und ruck, zuck. Wir jüngeren und mithin nicht so schweren Knaben und Heranwachsenden wurden von den Eltern hochgehoben, enterten die Waggons und warfen die wohlige Wärme bringende

Wer sein Holz 1946 offen im Vierrad-Tempo transportierte konnte, hatte es offensichtlich legal geschlagen.

Fracht mit bloßen Händen vom Wagen auf und zwischen die Gleise, wo sie von Vater und Mutter, Bruder oder Schwester mit affenartiger Geschwindigkeit eingesammelt wurde. Solange es irgend ging. So lange, bis einer lauthals vor der herannahenden Polente warnte. Dann war der Spuk genauso unvermittelt und schnell wieder vorbei, wie er die Szene betreten hatte. Unter den Klauern sollen übrigens auch Studienräte, Volksschullehrer, Richter, Staatsanwälte, Pastoren und so manches hohe Tier aus der Beamtenschaft gesichtet worden sein.

Eisenbahner

Wer damals das Glück hatte, Lokführer oder Heizer zu sein, bestellte sich auch schon mal Familienmitglieder an einen bestimmten, möglichst abgelegenen Punkt an der Strecke, wo dann eine Portion Kohlen aus dem Tender zweckentfremdet zur Tür hinausflog. Und in der „Aktentasche" der Eisenbahner lag abends auf dem Heimweg meistens auch noch ein Brocken Kohle neben Kaffeetäng und Brotdose.

Die Eisenbahner hatten noch eine weitere Erwerbsquelle für Brennmaterial: Unter den Kesseln der Loks wurden beim Verfeuern natürlich auch jede Menge Schlacken produziert. Sie wurden damals vornehmlich zum Befestigen von Gehwegen benutzt und beispielsweise vom Lokschuppen in Rothenburgsort in kleineren oder größeren Lastwagen zu den einzelnen Abnehmern transportiert. Dort wurden sie dann mit Hammer auf fester Unterlage zerkleinert und nach noch nicht völlig verbrannten Kohleresten durchsucht. Wiederum eine Arbeit, für die wir Lütten bestens geeignet waren.

Bei eben diesem „Auseinanderraken" der Schlacken geschah dann meistens noch ein kleines Wunder in Form von purer Kohle. Da hatte sich der Kranführer beim Beladen des Lastwagens am Verschiebebahnhof doch tatsächlich vertan und mit seinem Greifer anstatt in den Schlackenhaufen zwischendurch in die Kohlenhalde gelangt.

Hamburg war und ist zu Recht stolz auf sein vieles Grün, auf Wälder und Haine innerhalb seiner Mauern. Wälder lieferten aber auch das heiß begehrte Feuerholz. Manch ein Gehölz „vor der Tür" wurde in den kalten Nachkriegswintern fast schon zwangsläufig täglich kleiner. Berittene Polizei sollte den Wald zwar schützen, doch irgendwie gelang es immer wieder, am Auge des Gesetzes vorbei die kostbare, geklaute Holzfracht nach Hause zu schmuggeln.

... und immer hübsch artig sein!

Auch uns Kinder hat die „schlimme" Zeit nachhaltig geprägt. Wir lernten, dankbar zu sein, uns über einen Kanten Brot schimmelig zu freuen. Und wir wurden gebraucht, mussten mit anpacken, um

Welch ein Spaß, sich rumkutschieren zu lassen.

Chronik

Herbst 1951
Fiete Schütter eröffnet das „Junge Theater".

Ende 1951
Die Kriegsschäden an der U-Bahn sind weitestgehend beseitigt. Das Verkehrsmittel wird täglich von 350 000 Menschen benutzt.

24. Juni 1952
In Hamburg erscheint die erste Ausgabe der überregionalen Bild-Zeitung. Startauflage: 250 000.

Juli 1952
Der neue Zentrale Omnibusbahnhof ZOB geht am Hauptbahnhof in Betrieb. Am Schulauer Fährhaus wird die Schiffsbegrüßungsanlage „Willkommhöft" eingeweiht.

Januar 1953
Im wieder aufgebauten Operettenhaus an der Reeperbahn hebt sich wieder der Vorhang.

August 1953
Zum Deutschen Turnfest in Hamburg werden 250 000 Gäste begrüßt. Hundert Tausende sind eine Woche später beim, evangelischen Kirchentag.

12. März 1954
Konzertante Uraufführung von Arnold Schönbergs Oper „Moses und Aron" in Hamburg.

29. September 1954
Start der in Hamburg produzierten TV-Serie „Familie Schölermann".(Insgesamt 111 Folgen).

November 1954
Äthiopiens Kaiser Haile Selassie besucht Hamburg.

1. Februar 1955
Das Seebäderschiff „Wappen von Hamburg" läuft vom Stapel.

das Schiff Familie über Wasser zu halten. Vor allem, wenn der Kapitän, der Vater und Ernährer im Krieg gefallen oder noch in Gefangenschaft war. Wir waren, der Not gehorchend, quasi vollwertige Partner, mit denen die Eltern durch Dick und Dünn, aber eben auch mal eben klauen gingen. Nicht nur bei uns in Hamburg war der Begriff Familie noch mit gewichtigen Inhalten befrachtet, mit gewachsenen Strukturen durchwebt. Ganz obenan stand die Gemeinschaft, das gemeinsame Tun. Und das lief nach festen Regeln ab, die in den geschilderten Notsituationen zwar kurzfristig und vorübergehend mal außer Kraft gesetzt wurden, trotzdem aber ihre Gültigkeit behielten

Und rund um den Familientisch schwebten dann auch wie in Stein gemeißelt die ehernen Gesetze, die goldenen Gebote zum vorbildlichen Benehmen. Grundtenor: Immer hübsch artig sein. „Solange du deine Füße unter meinen Tisch streckst, hast du gefälligst zu tun, was ich sage", lautete eine der wichtigsten Grundregeln, sollte sich ein junger Mensch mit dem Gedanken an Auflehnung gegen die Eltern beschäftigen. Begriffe wie antiautoritäre Erziehung waren noch nicht geprägt, Sprüche wie „Es gibt kein problematisches Kind, es gibt nur problematische Eltern" spukten noch nicht in den Köpfen der Revoluzzer auf dem Gebiet der Kindererziehung.

So lange du deine Füße ...

Das familiäre Leben spielte sich mehr oder weniger am Tisch ab. Man saß drum rum, an allen vier Seiten. Eine Schneise für den freien Blick auf die Glotze war ja noch nicht erforderlich.

Wenn der Fotoapparat klickte, waren wir immer ein Herz und eine Seele.

Halbstarke und Rowdys

So gesehen könnte man meinen, nach der Währungsreform bewegte sich alles wieder in gewohnt geordneten Bahnen, war alles wieder Friede, Freude, Eierkuchen. Gemessen an den späteren 68ern waren wir seinerzeit jedenfalls lammfromm und harmlos.

Umso erstaunlicher das wilde Rauschen im Hamburger Blätterwald, wenn übermütige Jungs in Barmbek eine Parkbank umkippten, in Lohbrügge Fensterscheiben in einer Schule kaputt geworfen wurden, oder in Blankenese der Rückspiegel einer Luxuskarosse abgebrochen wurde.

Überall, wo kaum erwähnenswerte Schäden angerichtet wurden, wurden sie in den Zeitungen aufgebauscht, mussten Jugendliche als Täter herhalten. Nach und nach wurden durch die Presse die Begriffe Halbstarke und Rowdys zu Synonymen für die Feinde jeglicher Zivilisation hochstilisiert. Übrigens hießen flegelhafte Rabauken bei uns in Hamburg „vormals" nicht etwa Halbstarke oder Rowdys. Es waren einfach nur die „Brieten". Die Barmbeker Brieten waren über die Stadtgrenzen hinaus berühmt und berüchtigt. Wichtig: Die Hamburger Brieten haben nichts mit den Engländern zu tun. Das Wort hat seinen Ursprung in der Franzosenzeit. Es leitet sich aus dem Adjektiv „brut" für grob oder brutal ab. Und wie das Leben so spielt: Je mehr diese Halbstarken in den Blickpunkt der Öffentlichkeit rückten, umso aktiver wurden sie. Mädchen waren in diesen Horden übrigens so gut wie gar nicht zu finden.

Keine Widerrede

Es gab jede Menge Sprüche zum Thema gutes Benehmen und korrektes Verhalten, mit denen wir als Kinder traktiert worden sind. Damit wir grundsätzlich klar sehen: „Es wird gegessen, was auf den Tisch kommt!" – „Alles aufessen! Der Teller wird leer gemacht!" Und „mit vollem Mund redet man nicht!", denn „Kinder bei Tisch sind stumm wie der Fisch!" – „Kinder sieht man, aber man hört sie nicht."

Endlich konfirmiert und fast erwachsen.

In der Nazizeit wurde von besonders linientreuen Genossen das bekannte „Komm, Herr Jesus, sei unser Gast und segne, was du uns bescheret hast" durch „Händchen falten, Köpfchen senken, immer an den Führer denken!" ergänzt oder ersetzt. Wenn Muttis Erziehungskünste nicht mehr ausreichten, drohte sie gern mit „Warte mal ab, bis Papa nach Hause kommt, da kannst du was erleben …!" Und dann war da noch: „Du kannst es gut aber auch schlecht bei mir haben", „Wenn Erwachsene sich unterhalten, hast du still zu sein", „Du wartest gefälligst, bis du gefragt wirst", „Keine Widerrede", „Gib die schöne (die rechte) Hand und mach beim guten Tag sagen einen Knicks (oder als Junge einen Diener)". Grundsätzlich blieb dann noch die Maxime: „Du sollst deinen Vater und deine Mutter ehren!" Heimlich ergänzten wir: „Und wenn sie dich schlagen, sollst du dich wehren!" Wenn dem gestrengen Herrn Papa die Reaktion seines Schützlings auf seine Erziehungsmaßnahmen hin und wieder mal zu traurig erschien, meinte er oftmals besänftigend „Ich will doch nur dein Bestes. Später wirst du mir einmal dankbar sein, dass du die harte Hand gespürt hast." Tja, wer weiß, wer weiß?

Randale
1958

Einer der unerfreulichen Gipfelpunkte unkontrollierter Ausbrüche der Halbstarken-Szene ist und bleibt mit dem Namen des Rock 'n' Roll Königs Bill Haley verbunden. Wer von uns zu den Glücklichen zählte, Haleys Konzert am 27. Oktober 1958 in der Ernst-Merck-Halle miterleben zu können, wird sich im Nachhinein weniger an die Musik als vielmehr an die Randale gegen Ende des Konzerts erinnern. Mein lieber Vater, da war was los! Ein nicht eben kleiner Teil der aufgeheizten jugendlichen Zuhörer war nicht mehr zu bremsen, haute auf den Putz, zerschlug das Gestühl und sparte nicht mit Drohgebärden gegen jeden und alles. Ein riesiges Aufgebot von Polizei, zu Fuß und beritten, mit Knüppeln und Tränengas musste die Menge auseinandertreiben, die zwischen Ernst-Merck-Halle und Dammtorbahnhof eine Spur der Verwüstung zurückließ. Elf Jugendliche wurden festgenommen, fünf Polizisten verletzt. Und wir Braven, Artigen, hatten am nächsten Tag zumindest was zu erzählen – in der Schule oder am Arbeitsplatz.

Fast wie die Alten

Wie bereits gesagt: Randalierer fallen mehr auf, finden ein weit größeres Echo in der Zeitung als die Angepassten, die Gesitteten. Eine Binsenweisheit.

Weshalb dann auch vom Gros der Jugendlichen, die im Fahrwasser der Alten blieben, weniger häufig die Rede ist. Sie erlebten ihre Freizeit, organisiert oder individuell, aktiv oder passiv, mit und ohne Mitgliedsausweis in ihrer eigenen kleinen Welt – oder auch in einer Menschentraube als begeisterte Anhänger und Zuschauer bei großen Sportereignissen.

Feste feiern

Soviel steht fest: Wenn es in den 40er Jahren auch nur wenig zu beißen gab, wenn in vielen Haushalten auch höchstens mal selbst gebrannter Schnaps auf den Tisch des Hauses kam, zu Feiern verstanden unsere Altvordern trotzdem – und wir feierten mit ih-

Sicher der ganze Stolz der Eltern! Nicht nur der Junge, auch das neue Radio mit Tasten auf dem modernen Plattenschrank mit Plattenspieler links oben hinter der „Schiebetür".

Jubiläum bei der Hamburger Spedition Richard Buhck – 1949 waren die Feste schon wieder etwas üppiger.

nen. Auch die Freizeit wurde gemeinsam gestaltet. Die Feste damals waren zumindest in der Erinnerung eigentlich immer vom Allerfeinsten, weil nämlich schon eine simple Erbsensuppe oder ein „Rundstück warm" (eine Scheibe Schweinebraten mit Schü auf in Scheiben geschnittenes Brötchen) zu den erlesenen Köstlichkeiten unseres Erdendaseins zählten. Und nach dem Essen, davor oder dazwischen wurde aus voller Kehle gemeinsam gesungen. Wohlgemerkt: gemeinsam!

Ein Lied für drei Generationen

Oma und Opa, Mama und Papa und wir Kinder sangen anfangs noch dieselben Volkslieder und Schlager. Völlig klar, dass die Musik in den Herrenhäusern an der Elbchaussee, auf dem Süll-

berg in Blankenese, in den Villenvierteln von Volksdorf, Wandsbek oder Bergedorf ein wenig anders klang als etwa in den Wohnblocks der Schiffszimmerer-Baugenossenschaft auf der Veddel. Die einen pflegten bei ihrer Hausmusik ihren von Hamburg vereinnahmten Georg Philipp Telemann, den Hanseaten Felix Mendelsohn-Bartholdy oder ihren „Papa Brahms" – und die anderen sangen eben Schlager, damals auch noch Gassenhauer genannt.

Klara Zylinder

Mit Ilse Werner hieß es dann „Sing ein Lied, wenn du mal traurig bist" und mit Marika Rökk sangen wir: „Wenn ein junger Mann kommt, der weiß, wo's drauf ankommt". Wir sangen zwar nicht

Im Unterricht getrennt, beim Klassenfest ging´s gemeinsam rund.

„wo's drauf ankommt", sondern „der wühlt, bis er rankommt". Wir hatten dabei den jungen Mann vor Augen, der sich in der Schlange an der Kinokasse hartnäckig vordrängelt. Die Erwachsenen dachten dabei aber offensichtlich an etwas anderes. Auf jeden Fall gab's was hinter die Löffel, wenn wir in Gegenwart der Erziehungsberechtigten vom Wühlen sangen. Bei „Klara Zylinders" (Zarah Leanders) „Der Wind hat mir ein Lied erzählt ..." schmunzelten sie nachsichtig, wenn wir „Der Wind streicht durch die Lokustür und flüstert leis': Papier!" draus machten.

Hamburger Lieder

Auffallend aus heutiger Sicht war die Renaissance, die alte Hamburger Lieder erlebten. Die Vermutung liegt nahe, dass die Hanseaten ein unter-schwelliges Verlangen nach einem verstärkten Wir-Gefühl entwickelten – vielleicht ja auch, um ein klein wenig Distanz zu den vielen Flüchtlingen in der Stadt zu halten. Alle, die keine gebürtigen Hamburger waren, wurden ohnehin nur mit Quiddje tituliert.

Unsere Nationalhymne „Stadt Hamburg an der El-be Auen, wie bist du herrlich anzuschauen" konn-ten wir angesichts der Trümmerlandschaft zwar nur schlecht mit der Innbrunst früherer Tage an-stimmen, dafür gab's aber genug andere Lieder. Schon merkwürdig, wenn selbst Mitbürger, die ih-re Nase rümpften, wenn von Hafenarbeitern die Rede ist, voller Begeisterung das Lied „Wie sünd de Hamborger Ketelkloppers, wie arbeid dröben bie Blohm und Voss, sünd jümmers quietschfidel un propper, kaut Swatten un hebbt schändlich Doss" mit anstimmten.

Schlager und Rock 'n' Roll

Ansonsten aber hatten Schlager Hochkonjunktur, die vom sonnigen Süden erzählten. Wenn Rudi Schuricke 1945 im Radio sein „Wenn bei Capri die rote Sonne im Meer versinkt" oder 1948 seine „Florentinischen Nächte" anstimmte, waren wir alle hin und weg und packten in Gedanken schon die Koffer – auch, wenn die Zeit des Reisens noch lange nicht „ausgebrochen" war.

Mit Glenn Millers Big-Band-Klängen deutete sich in den 40ern schon eine Wende vom gemeinsamen Gesang der Generationen hin zu einem eigens jugendlichen Sound an. Und als uns dann erst der Trumpet-Blues von Harry James aus dem Film „Die badende Venus" mit Esther Williams in der Titelrolle in den Kinosesseln zu rhythmischen Zuckungen hinriss, war ohnehin alles zu spät. Die Paradieswelt der Schlager-Schnulze war natürlich nicht totzukriegen, aber der Rock 'n' Roll eben auch nicht. Die Geschmäcker der Generationen drifteten auseinander. Ein Trend, der den Zeitungsmachern selbstredend nicht entging. Zeitschriften wie die 1956 gegründete „Bravo" nahmen sich der Jugendlichen an und sorgten mit dafür, dass die jungen Menschen sich selbst entdeckten, sich gegen die Erwachsenenwelt abkapselten und ihr „eigenes Ding" machten.

Tanz verführt zur Sünde?

Schon bevor es total wild beim Rock 'n' Roll zuging, warnte Papst Pius XII. im Jahre 1952 vor den Modetänzen, da sie Christen durch eindeutige Stellungen zu sündigem Verhalten verführen könn-

ten. Die jungen Menschen blieben jedoch unbeeindruckt und tanzten ihren Boogie-Woogie, Jitterbug und Mambo weiter.

Selbst ist der Mann

Man möge mir die recht derbe Formulierung verzeihen, aber der Spruch „aus Scheiße Gold machen" prangte in der Nachkriegszeit in ganz großen Lettern als Leitmotiv und Motto über unserem, unserer Väter und Großväter Bemühen, aus irgendwelchen Resten brauchbares Spielgerät zu zaubern.

Da wurde schon mal aus einem ausgedienten Grammophon (Plattenspieler oder Plattenplayer, wie man heute vermutlich sagen würde), also aus einem dieser Dinger, die man noch per Handkurbel „aufziehen" musste, ein viel zu schnell rotierendes Karussell gebastelt – dekoriert mit ausgesägten und liebevoll angepinselten Figuren und mit kunstvoll montiertem Stoffbaldachin. Da entstand aus der Hülse einer in die Luft gejagten Flakgranate der Ersatz für den verrotteten Kessel der Vorkriegsdampfmaschine. Da wurde aus drei schrottreifen Fahrrädern ein einigermaßen fahrbares neues Rad zusammengefummelt, mit Farbresten angepinselt, mit einer Kerze scheckig angeblökert und schließlich mit einer Schicht Lack wetterfest gemacht.

Ein Fußball-Eldorado

Die Begeisterung für König Fußball war in den 50ern riesig. Unvergessen, wenn am Millerntor auf dem Heiligengeistfeld oder am Rothenbaum ein Spitzenspiel der Oberliga Nord angepfiffen werden sollte.

Der Schlussläufer der 4x400 Meter-Staffel zerreißt das Zielband.

Menschenkarawanen rückten an, standen lange vorher an den Kassen Schlange, um ein Ticket zu ergattern.

Das Stadion am Rothenbaum, wo heute nur noch Tennis gespielt wird, war oft bis zum Platzen voll. Auf den Stehtribünen gab es anfangs noch keine sogenannten Wellenbrecher, und wenn irgendein „gehässiger" Spaßvogel ganz oben einem Zuschauer einen Schubs gab, wurde der automatisch an den nächsten Vordermann weitergegeben und so weiter. Auf jeden Fall war es immer sehr amüsant, wenn sich ganze Menschentrauben, immer breiter werdend, bis zum Spielfeldrand abwärtsschoben.

Keiner weiß, ob die Akteure von damals bei der heutigen Spielweise noch mithalten könnten, an Popularität aber waren sie jedenfalls „allererste Sahne".

Ein hoffnungsloses Unterfangen, alle gefeierten und bewunderten Spieler von damals aufzuzählen – eine endlos lange Reihe!

Echter Fußball

Durch den Fußball kamen wir natürlich überall in der Stadt rum. Insgesamt mischten bis zur Einführung der Bundesliga 1963 immerhin acht Hamburger Vereine in der höchsten deutschen Spielklasse, der Oberliga Nord (neben OL West, Süd, Südwest, Süd) mit. Immer oder auch nur zeitweise dabei waren der HSV, der Kiezclub FC. St. Pauli, Concordia aus Wandsbek, Altona 93, Bergedorf 85, der Harburger Turnerbund, der SC Viktoria aus dem Stadtteil Hoheluft West und der Eimsbüttler TV. Und da ein richtiger Anhänger nicht nur die Heimspiele seiner Mannschaft besuchte, herrschte am Sonntag natürlich immer eine rege Reisetätigkeit. Wenn das nötige Kleingeld vorhanden war, fuhren wir natürlich auch mal zu den Auswärtsspielen nach Lüneburg, Itzehoe oder Bremen mit. In den dafür gecharterten Sonderbussen herrschte natürlich stets eine Bombenstimmung – höchstens ein wenig gedämpft, wenn's auf der Heimreise galt, eine Packung zu verdauen. Ja, das waren Zeiten, da spielten sogar noch „echte" Hamburger wie Uwe Seeler in Hamburg Fußball … Eines war aber auch damals schon ärgerlich: So manch ein Lokalmatador in einem Stadtteil konnte der Versuchung nicht widerstehen und wechselte des schnöden Mammons wegen zu einem größeren, zahlungskräftigeren Verein – meistens zum HSV, der deshalb bei einigen von uns noch heute schlechte Karten hat.

Auch Damen-Feldhandball erfreute sich großer Beliebtheit

Es lebe der
Sport

Nach dem Krieg gehörte Handball zu den beliebtesten Sportarten in Hamburg und wurde zumeist auf dem Großfeld, draußen auf dem Sportplatz gespielt. Hallenhandball gewann erst nach und nach seine spätere Bedeutung. Seine Popularität in Hamburg verdankte diese Sportart sicherlich in erster Linie dem SV Polizei Hamburg mit seiner legendären Mannschaft, die sich um den wegen seiner ungeheuren Wurfkraft gefürchteten „Atom-Otto" Maychrzak scharte. Ob auf dem Feld oder in der Halle, Atom-Otto, der spätere Bundestrainer Werner Vick, Klaus Velewald oder Torwart Heinz Singer, um nur drei aus dieser herausragenden Mannschaft zu nennen, verhalfen dem Handball zu seiner Bedeutung im Breitensport. Polizei Hamburg holte neben vielen norddeutschen Titeln von 1950 bis 1955 acht deutsche Meistertitel im Feld- und im Hallenhandball in die Hansestadt. Unvergessen auch Spitzenspiele wie Polizei gegen TSV Veddel. Kaum eine Mannschaft, die nicht „echte Könner" in ihren Reihen hatte. Viel beklatscht Johnny Löh vom TSV Veddel, Adolf Giele vom SC Victoria,

dessen Tore, aus dem Handgelenk geschossen, im Ansatz kaum zu erkennen waren. Mit ausreichend großen Hallen war Hamburg in den 50ern noch nicht ausgestattet. Die 1954 mit viel Jubel eingeweihte Halle in der Ritterstraße, die gut 800 Zuschauer fasste, wurde schon wenig später fast liebevoll „Ritterstübchen" genannt. Nur zum Vergleich: Die 1968 eingeweihte Alsterdorfer Sporthalle in der Krochmannstraße fasst immerhin schon 7000 Zuschauer, davon 4200 Sitzplätze.

Deutsche Meister 1955 im Feldhandball:
Die Mannschaft von Polizei Hamburg mit Werner Vick und Atom-Otto Maychrzak (oben 3. u.5.v.l.) und dem legendären Torwart Heinz Singer (u.2.v.r.).

Mädchen, wie hier beim großen Rennen im Oktober 1950 im Billtalstadion, waren nur sehr selten mit dabei.

Erste Fahrzeuge

Lange, bevor (wie so vieles andere auch) die Welle der Seifenkistenrennen aus den USA zu uns herüberschwappte, haben wir uns selbst fahrbare Untersätze gebaut. Ausgediente, wenn nicht schrottreife Kinderwagen und Kinderkarren standen schon deshalb bei uns Jungs hoch im Kurs, weil die Räder und Achsen für unsere Flitzer Marke Eigenbau unerlässlich waren. Vorder- und Hinterachse wurden als Erstes mit einem möglichst schlanken, stabilen, gut einen Meter langen Brett miteinander verbunden. Auf der hinteren Achse wurde dann der zusammengezimmerte Sitz montiert – möglichst mit Rücken- und Armlehnen, auf der vorderen Achse genau „mittig" das Ende des Verbindungsbretts aufgelegt und so befestigt, dass die Achse zum Lenken in beide Richtungen gedreht werden konnte. Gesteuert wurde mit den Füßen, die auf der freiliegenden Achse gleich neben den Rädern ihren Platz hatten. Ein zusätzliches, an den Enden der Achse angebrachtes Seil ermöglichte die ergänzende Steuerung per Hand.

Jungs in schnellen Kisten

Wie das Leben so spielt, reichte dem einen oder anderen diese einfache Version des fahrbaren Untersatzes nicht mehr. Sei es auch nur, um der kleinen Freundin zu imponieren: Die Dinger wurden jedenfalls mit Hilfe von Papa oder Opa komfortabler. Zunächst wurde das Gefährt verkleidet, erst schlicht kistenförmig, dann immer windschnittiger. Ein richtiges Lenkrad mit Drahtzügen zu den Achsen war schon bald ein unabdingbares Muss. Schließlich folgte noch der Griff zu Farbe und Pinsel. Alles Weitere ergab sich fast zwangsläufig. Man wollte schließlich nicht nur die schönste und komfortabelste, sondern auch die schnellste Kiste. Was ist das Leben ohne Wettkampf?!

Bis zur Entdeckung der Seifenkisten als Werbeträger war es dann auch nicht mehr weit. Nachdem vom Fischhändler bis zum Bettengeschäft allerlei mittelständische Unternehmen rennbegeisterten Jungs zwischen elf und 15 Jahren eine der rollenden Kisten mit ihrem Firmenlogo zur Verfügung stellten, sah das Hamburger Abendblatt die Zeit gekommen, ein großes Seifenkistenderby in Hamburg zu organisieren.

Der Messerschmidt-Kabinenroller, auch Schneewittchensarg genannt.

1950: Das große Rennen

Zusammen mit dem ADAC, dem Hamburger Motorsportclub (HMC) dem Polizei-Sportverein und dem Verein Deutscher Ingenieure organisierte die Zeitung am Fuße des Michel am 2. Juni 1950 im wahrsten Sinne des Wortes eine Riesensause. Tausende waren gekommen, um die Seifenkistler von einer schrägen Holzrampe aus den Venusberg hinunterjagen zu sehen. Für alle Aktiven ein stolzer Tag, für die Zuschauer eine Mordsgaudi.

Und das Rennen am Fuße des Michel machte Schule. Fast überall, wo sich abschüssige Straßen und Wege dazu anboten, wo der Autoverkehr es zuließ, wurden organisierte und improvisierte Rennen gefahren. Zu einem Großereignis wurde im Oktober 1950 ein Rennen im neu erbauten Bergedorfer Billtalstadion. Die Veranstalter zählten über 20 000 Besucher, die bei einem volksfestähnlichen Rahmenprogramm dabei sein wollten, wenn die schnittigen Kisten auf einer Holzpiste den Geesthang runter und diagonal über den Grandplatz flitzten.

Der Gutbrod-Superior war in der Nachkriegszeit ein gefragtes Modell.

Wer zählt die Marken, nennt die Namen!?

Am „Volant" der Seifenkiste dürfte damals dann auch bei vielen von uns die Träumerei von einem fahrbaren Untersatz mit Motor und dem dafür erforderlichen Führerschein begonnen haben. Der „Lappen" war ja noch nicht so schwer zu bekommen.

Der sogenannte Fortschritt ist nicht aufzuhalten: Noch tun Pferdefuhrwerke und Autos gemeinsam ihre Arbeit – aber wie lange noch?

In der Fahrschule konnte es einem schon passieren, dass der Fahrlehrer ein Büchlein mit den wichtigsten Verkehrsregeln und der beiläufigen Bemerkung herausrückte: „Was da drin steht, musst du dir für die theoretische Prüfung reinziehen und auswendig lernen." Gesagt getan. Ebenso zeitaufwendiger wie kostspieliger theoretischer Unterricht ist vielen von uns jedenfalls erspart geblieben. Wir haben's auch so geschafft.

Das Auto des Wirtschaftswunders, der beginnenden Massenmotorisierung, war ohne Frage der VW-Käfer – hinten noch das kleine, geteilte Fenster, der Tank mit der Hand auf Reserve umzustellen, der Winker, der wie ein Zeiger aus seiner Versenkung kam und wieder verschwand, und nicht zuletzt beim Schalten der Gänge noch Zwischengas geben. Das hat manchmal ganz schön geknirscht. Die Massenproduktion machte den Wagen preisgünstig. Das Standardmodell kostete 1954 ganze 3950 Mark. Ein Jahr später lief schon der millionste Käfer vom Band.

Neben dem Käfer waren bei uns noch der Messerschmidt-Kabinenroller, der Schneewittchensarg oder die BMW-Isetta, die Knutschkugel, bei der sich die Tür nach vorn öffnete, sehr beliebt. Doch wer zählt

Werbeanzeige von 1956: Der Opel-Kapitän kostete 9 350 DM.

Vielleicht kennen Sie jemand, der bereits den neuen **Opel-Kapitän** fährt. Er wird Ihnen die vielen **Kapitän**-Vorzüge bestätigen – und dann überzeugen Sie sich selbst auf einer Probefahrt! Wir holen Sie gern ab.

OPEL-KAPITÄN
DM 9 350.– ab Werk

AUTO-HUDEMANN
VIERLANDENSTRASSE 27 · 71 20 53

MAN RICHTET SICH *elektrisch* EIN!

ELEKTRO-GEMEINSCHAFT HAMBURG
ELEKTRO-INSTALLATEURE · FACHHANDEL · HEW

Ein Foto von 1955: Der Ford Taunus M 17, der mit der Weltkugel vorn am Kühler. An der Windschutzscheibe prangte eine Sonnenblende.

die Marken, nennt die Namen?! Der von Reinhardt May später besungene „schneeweiße Opel Kapitän" gehörte jedenfalls auch dazu.

Dichter und Denker

Für die Lütten unter uns war das Wort Theaterbesuch gleichbedeutend mit Weihnachtsmärchen – klar! Für Jugendliche sah die Sache schon etwas anders aus. Da mussten die Herren Studienräte (ihre Wurzeln waren zum größten Teil noch in der Weimarer Republik verankert) schnell und ohne sanfte Übergänge völlig neue Wertvorstellungen für uns schaffen und vermitteln. Da war nichts mehr von wegen „deutsche Jungen müssen schnell sein wie Windhunde, zäh wie Leder und hart wie Kruppstahl" – Deutschland als Land der Dichter und Denker stand wieder hoch im Kurs. Und wo erstrahlt das leblose, gedruckte Wort zu blühendem Leben? Natürlich im Theater. Das Theater war vor allem für die Jugend Brücke zu einer anderen Denkweise. Aber wie sollte das in der Hamburger Trümmerlandschaft überhaupt funktionieren?

Die Spielstätten

Die Staatsoper war zerbombt, das Thalia wurde noch bei den letzten Angriffen schwer in Mitleidenschaft gezogen, Operettenhaus und Volksoper existierten nicht mehr, das Altonaer Stadttheater und das Harburger Theater lagen in Schutt und Asche. Bespielbar waren nur noch die Kammerspiele in der Hartungstraße, die Niederdeutsche Bühne in den Großen Bleichen (später Richard-Ohnsorg-Theater), das Flora-Theater am Schulterblatt, das St. Pauli-Theater auf der Reeperbahn und das Deutsche Schauspielhaus in der Kirchenallee, das nach der Besetzung allerdings in „Garrison-Theatre" umbenannt wurde und nur für die „Sieger" bespielt wurde. Das Deutsche Schauspielhaus gastierte bis 1949 im Theatersaal des Gewerkschaftshauses am Besenbinderhof.

Werbung aus dem Hamburger Theateralmanach von 1947.

FriBeDa Vitamin-Kosmetik

Ärmel hoch und
ran an't Wark!

Der größere Teil der altehrwürdigen, historisch wertvollen Bauten in Hamburg hatte den Krieg mehr oder weniger heil überstanden: Das Rathaus, viele Kirchen, das Schauspielhaus, die Musikhalle, Museen und Gerichtsgebäude, das Postpräsidium am Stephansplatz und die Hotels „Vier Jahreszeiten" und „Atlantic", um nur einige zu nennen. Die Alliierten hatten sich bei ihren Bombardements ja wohlweislich auf die Wohn- und Arbeiterviertel konzentriert. Bevor ans Neubauen gedacht werden konnte, mussten allerdings erstmal die Trümmer beseitigt werden. Also hieß es „Ärmel hochgekrempelt und ran an't Wark!" Devise: Da müssen wir durch. Und wir kamen durch. Nicht zuletzt auch wegen der legendären „Trümmerfrauen", die beim Wegräumen unschätzbar viel und wichtige Arbeit leisteten. Überall in der Stadt wurden Trümmeraufbereitungsanlagen geschaffen, in denen Mauerreste zu Split verarbeitet wurden, Fleete wurden zugeschüttet und ausgebeutete Kiesgruben mit Schutt wieder aufgefüllt. Wo Flächen trümmerfrei waren, begann der Neubau.

1946 hatten die Engländer beschlossen, Hamburg zu ihrer Deutschland-Metropole, zu ihrem „Hauptquartier" zu machen. Am Grindelberg sollte ein englisches Viertel entstehen. Die Fundamente für sechs 14-geschossige sowie sechs achtgeschossige Hochhäuser waren bereits fertig, als die Tommys das Projekt überraschend wieder zu den Akten legten. Der Senat nutzte die Gelegenheit und vollendete, was die Besatzer begonnen hatten: Im März 1950 wurden die ersten Häuser bezogen. Im gesamten Stadtgebiet wurden allein 1950 mehr als 27 000 neue Wohnungen gebaut. Gleichzeitig wurde der Hafen nach gewaltigen Aufräumarbeiten wieder zum größten Ölhafen Deutschlands. Ab 1951 durften auf den Werften wieder Schiffe gebaut werden. Bis 1953 liefen 160 Neubauten vom Stapel.

Auf dem Stintfang, einem Filetstück mit wunderbarem Ausblick auf das Hafenpanorama, wurde 1953 die neue Jugendherberge eingeweiht. Die Übernachtung mit Frühstück kostete ganze 60 Pfennig. Im November 1955 wurde die wieder aufgebaute Staatsoper am Dammtor eröffnet. Im November 56 erfolgte die Weihe der 1943 zerstörten Katharinenkirche, Hamburgs ältestem Bauwerk aus dem 13. Jahrhundert. Kaum zu glauben: Schon 1958 macht die Stadt da weiter, wo die Bomben der Alliierten keinen Schaden angerichtet hatten: Das Viertel hinter dem Stephansplatz mit seinen Fachwerkhäusern wurde dem Erdboden gleichgemacht. Dort, wo die Ulrikusstraße verlief (die leichten Mädchen boten ihre Dienste in einer Art Schaufenster wie in der heute noch existierenden Herbertstraße auf St. Pauli feil) wurde das Unilever-Hochhaus gebaut. Die von der Firma produzierte Margarine „Sanella" heißt in Hamburg seitdem „Bordella".

AKTUELLES THEATERPROBLEM

„Fehlt mir nun Holz oder fehlt mir Phantasie?"

So sah ein Karikaturist 1947 das Dilemma der Bühnenbauer: Material war Mangelware

Neues Leben

Insgesamt mussten in Hamburg 7000 zerstörte Theaterplätze neu geschaffen werden, um den Vorkriegsstand wieder zu erreichen Auch die Schauspieler packten mit an, galt es, Schulaulen, Gemeindesäle, Ballsäle in Gaststätten oder Kinos für Theateraufführungen fit zu machen. Es wurde gebastelt und improvisiert, was das Zeug hielt – und wir Heranwachsenden packten mit an, wo sich die Gelegenheit bot. Neues Leben wuchs aus den Ruinen – auch aus denen der Theaterlandschaft.

Es mutet fast schon wie ein Wunder an: Im Mai wurde Hamburg den Briten übergeben, schon am 28. August begann die neue Ära des hamburgischen Theaterlebens. In der Harvestehuder Johanniskirche stand mit hochkarätiger Besetzung Hofmannsthals „Jedermann" auf dem Programm. Mit dabei Stars wie Susanne von Almassy, Annemarie Schradiek, Edda Seipel, Maria Wimmer, Hans Fitze, Helmuth Gmelin, Werner Hinz, Erwin Linder, Hans Mahnke und Eduard Marks.

Die lange unterdrückte Theaterleidenschaft der Hamburger war plötzlich wieder da. Monatelang ausverkaufte Häuser waren selbstverständlich. Theaterkarten wurden schwarz gehandelt – wie Butter, Speck und Zigaretten. Die Nachfrage überstieg das Angebot um ein Vielfaches. Das wiederum bedeutete Schlangestehen an Theaterkassen und Vorverkaufsstellen. Na ja, und dabei waren wir Jüngeren natürlich auch gefragt. Aber das waren wir ja schon gewohnt. Mussten wir vorher nur bei Lebensmitteln anstehen, ging's jetzt eben mal um Theaterkarten.

Das Fernsehen
startet durch

Aus einem kleinen Studio im Bunker auf dem Heiligengeistfeld wurde am 17. November 1950 vom Nordwestdeutschen Rundfunk (NWDR) die erste öffentliche Fernsehsendung ausgestrahlt. Um das Programm ein wenig lebendiger zu gestalten, entschloss sich der Sender nach wenigen Tagen, eine Programm-Ansagerin zu verpflichten. Silvester 1950 nahm die erste Fernsehansagerin der Geschichte ihre Arbeit auf. Ihr Name: Irene Koss. Die gebürtige Hamburgerin war gelernte Schauspielerin. Sie wurde sofort zum Liebling der noch wenigen Zuschauer, obwohl sie nur dreimal die Woche zu sehen war. Fernsehen fand nur montags, mittwochs und freitags von 20 bis 22 Uhr statt. Den weitaus größten Teil der Zeit gab's das Testbild zu sehen. Irene Koss heiratete später den Sportreporter und Mitbegründer der Münchner „Lach & Schießgesellschaft" Sammy Drechsel.

Theaterleidenschaft

Die Theaterfans, die in den Außenbezirken lebten, hatten es gut. Sie brauchten nicht mehr in die Innenstadt. Die Bühnen kamen nach draußen. Nur ein Beispiel: In der Kurbel in Bergedorf, eigentlich einem Kino, gastierten bis Anfang 1947 das Deutsche Schauspielhaus, das Thalia Theater, die Kammerspiele, die Junge Bühne, die Städtische Bühne Harburg, das Ohnsorg-Theater, die Komödie, das Operettenhaus, Kaleidoskop Hamburg und, und, und ... Ganz zu schweigen vom Norddeutschen Symphonieorchester und vom Hamburger Kammerorchester.

In so manchem von uns wurde damals die Theaterleidenschaft geweckt, die dann auch keinen Schaden nahm, als das Theater nicht mehr zu uns kam und wir zwecks kultureller Erbauung wieder in die Stadt fahren mussten – was sich schließlich dann ja auch gelohnt hat. Unsere Generation kann sich damit brüsten, den legendären Gustaf Gründgens als Mephisto in Goethes Faust „leibhaftig" auf den Brettern erlebt zu haben.

So fängt es oft an: Kinder, die gern „aufführten", blieben dem Theater treu.

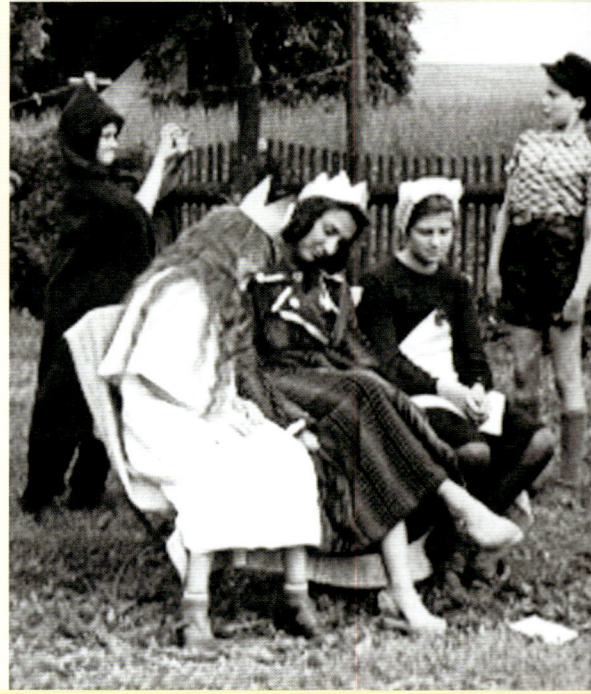

Ohne Musik lief nichts! Sogar ins Freibad wurden Schallplatten und Plattenspieler mitgeschleppt. Das Gerät musste noch mit der Handkurbel „aufgezogen" werden.

Jeder lebt auf seine Weise

Machten wir als „lütte Görn" auf den Straßen der Stadt, auf einem Hinterhof in Barmbek, in den Grünanlagen des Eilbektals, in den Boberger Dünen, am Geesthang von Oevelgönne oder im Schatten der Schule in der Seilerstraße von St. Pauli noch alles gemeinsam, trennten sich die Wege spätestens nach dem Übergang von der Grundschule in die weiterführenden Schulen. Das viel zitierte soziale Umfeld spielte dabei mit Sicherheit die ausschlaggebende Rolle. Für viele Hamburger Eltern galt wohl doch noch die in einem alten Hamburger Lied ausgegebene Divise „Mit de högere Schule is das nix, da kommt mein Kind nich rein. In de Seilerstraße lern' sie auch ganz fix, und was soll das mit Latein, mit Algebra un Mathematik,

mit franzeusisch sik affwrackt. Wat schall dat Kind mit all so'n Schiet, in Hamburg ward je doch blots plattdütsch schnackt." Und so drifteten die Interessen der einzelnen Gruppen dann auch stark auseinander. Jugendliche, die sich für Jazz (auf hamburgisch Jattz) interessierten, kamen damals angeblich und Umfragen zufolge vornehmlich „aus gutem Hause". Was während der Nazizeit von einigen wenigen mehr oder weniger heimlich gehört wurde, wurde auch nach dem Krieg noch als „Negermusik" diffamiert. Das war drin in den Köpfen der meisten Erwachsenen und blieb drin, wurde später dann noch auf den Rock 'n' Roll und ähnliche Stilrichtungen übertragen. Jazz brauchte lange, um sich zumindest ein Nischendasein in unserer

Der Rathausmarkt, damals noch Haltepunkt der Straßenbahn und Parkplatz.

Gesellschaft zu erobern. In Hamburg half dabei die Besatzungsmacht mit ihrem Sender BFN (British Forces Network). Aus der Ecke kamen dann auch die ersten Schallplatten über den Schwarzmarkt unters Volk. Regulär zu kaufen gab es Jazz-Platten erst ab Anfang der 50er.

Da war was los!

In den Vorstädten ließen es höchstens ein paar Bar-Pianisten oder kleine Kapellen auf den Tanzdielen dezent swingen – wer mehr wollte, musste schon mit dem Dampfzug oder der S-Bahn in die Innenstadt düsen. Für die Jüngeren unter uns natürlich Utopie. Wir ließen uns zunächst den Mund wässrig machen, bevor wir dann endlich selbst in die Jazz-Szene eintauchen konnten.

Noch heute verklärt sich der Blick, wenn unter „Jattzern" der Name „River Kasematten" fällt. Junge, Junge, da war was los ...! Selbst Louis Armstrong, Ella Fitzgerald oder Duke Ellington ließen es sich während ihrer Gastspiele in der Ernst-Merck-Halle nicht nehmen, unangemeldet mal reinzugucken. Später musste die Kneipe an der Elbe, unterhalb der Hafenstraße, dem Hochwasserschutz weichen. Neben den Kasematten war für Jazzer das „Käptns Cabin" beim Rödingsmarkt ein absolutes Muss. Unvergessen die Auftritte der „Jailhouse Jazzmen". Einen guten Steinwurf entfernt wartete der „Mummekeller" am Großen Burstah auf Jazzfans. Wenn das Taschengeld oder das Lehrlingsgehalt (damals so um die 50 Mark im Monat bei gut 48 Stunden und einer Sechs-Tage-Woche) reich-

ten, zogen wir weiter ins „New Orleans" neben dem Operettenhaus auf der Reeperbahn. Im Januar 1959 schließlich gesellte sich noch der Cotton-Club, Vatis Tube Jazzclub, damals noch im Tiefbunker am Grindelhof dazu.

Zumindest für alle, die mit der Bahn nach Hause mussten, war das „Pigalle" am Hauptbahnhof schließlich Endstation. Ums nicht zu vergessen: Sehr beliebt war auch der „Karneval of Jazz" am Abend vor Rosenmontag im Jazz-Hochbunker an der Dorotheenstraße.

Der größte Tanker der Welt läuft vom Stapel

Mehr als 100 000 Schaulustige an den gegenüberliegenden Ufern, auf zahllosen Hafenbarkassen und auf dem Werftgelände selbst waren Zeugen, als 1953 die „Tina Onassis" des griechischen Reeders Aristoteles Onassis bei Howaldt vom Stapel lief. Der seinerzeit mit 45 720 Tonnen Tragfähigkeit größte Tanker der Welt war über Wochen Gesprächsthema Nr. 1 in Hamburg. Mit einem kleinen Fischdampfer hatten die Howaldtswerke nach dem Zweiten Weltkrieg ihre Arbeit wieder aufgenommen, die vor dem Krieg durch den Bau des „Imperator", des weltweit größten Passagierschiffes der Welt, für einen Glanzpunkt im Hamburger Schiffbau gesorgt hatte.

Prominente

Evelyn Hamann
geb. am 6. August 1942, gest. am 27. Oktober 2007, Film- und Theaterschauspielerin.

„Willem" F. Dincklage
geb. am 21. August 1942, gest. am 18. Oktober 1994, Sänger. Gründete zusammen mit Udo Lindenberg, Gottfried Böttger, Lonzo und Otto Waalkes die Hamburger Rentnerband.

Hans-Peter Korff
geb. am 24. 8. 1942, Theater-, Film- und Fernsehschauspieler.

Volker Rühe
geb. am 25. September 1942, Von 1992 bis 1998 Verteidigungsminister der Bundesrepublik Deutschland. Von 1976 bis 2005 MdB.

Doris Kunstmann
geb. am 22. Oktober 1944, Schauspielerin.

Inga Rumpf
geb. am 2. August 1946, Sängerin und Komponistin.

Rolf Zukowski
geb. am 12. Mai 1947, Diplombetriebswirt, Musiker, Komponist, Autor und Produzent von Kinderliedern.

Gottfried Böttger
geb. am 21. Dezember 1949, Boogie-Woogie- und Ragtime-Pianist. Pianist.

Peter-Michael Kolbe
geb. am 2. August 1953, einer der weltbesten Einer-Ruderer.

Angela Merkel
geb. am 17. Juli 1954, seit 22. November 2005 Bundeskanzlerin. Ihr Vater studierte in Hamburg Theologie, bevor er mit seiner Familie in die DDR nach Berlin-Brandenburg zog, um dort eine Pfarrstelle anzutreten.

Jan Fedder
geb. am 14. Januar 1955, Schauspieler, Sohn eines Kneipenbesitzers auf St. Pauli.

Ole von Beust
geb. am 13. April 1955, seit Oktober 2001 Hamburgs Erster Bürgermeister.

Stefan Gwildis
geb. am Oktober 1958, Sänger und Musiker.

Frechheit siegt

So was wie ein „heimlicher Held" war für unsere Clique damals Jazz- und Opernfan Bernt-Dieter, der zur Not auch ohne gültiges Ticket auf Tuchfühlung zu seinen Stars kam. Eines seiner Glanzstücke lieferte er beim Konzert von Ella Fitzgerald in der Ernst-Merck-Halle ab. Sein Motto damals: Es kommt alles auf den zu, der warten kann. Also baute er sich im Dunstkreis der Halle auf und hielt Ausschau nach dem Tournee-Wagen, der die Instrumente für die Begleit-Band bringen sollte.

Ella Fitzgerald ging bei ihren Gastspielen in Hamburg auch gern in die River Kasematten.

te er den Türstehern, sagte mit fester Stimme „Presse" – und war drin.

Diese „Heldentaten" sind natürlich nicht symptomatisch für uns Kinder der 40er und 50er schlechthin, erwähnenswert sind sie aber trotzdem, demonstrieren sie doch, wie viel lockerer es seinerzeit noch zuging. als die Stars nicht von Bodyguards umzingelt waren, als sie noch nicht von Manager-Hyänen bewacht und gegen jeden vorher nicht abgesprochenen Kontakt mit der Öffentlichkeit abgeschirmt wurden. Man sah halt alles noch nicht so verbissen wie heute.

Wir hatten seinerzeit zwar den leisen Verdacht, dass Bernt-Dieter nur „Schwein hatte" und zur rechten Zeit am rechten Ort war, Fakt ist jedoch, dass der beherzte junge Mann nicht lange fackelte, als der Wagen mit den Instrumenten anrollte und die Ladeluken sich öffneten. Er streckte dem Mann auf dem Laster seine hilfreichen Hände entgegen und hielt dann auch schwuppdiwupp einen Schlagbass in den Armen. Das reichte, um unbehelligt und ohne Eintrittskarte in die Halle zu kommen. Von da aus dann weiter bis in die Garderobe von Ella war „'n Klacks", wie man an der Woterkant sagt. Die große Ella und ihre Garderobiere freuten sich schließlich so sehr über den frischen, aufgeweckten jungen Mann, dass sie zusammen den Evergreen „Smooth sailing" sangen.

Beim Konzert von Louis Armstrong lieferte unser Bernt-Dieter ein weiteres Glanzstück in der Rubrik „Frechheit siegt" ab: Er war damals noch Lehrling beim Springer-Verlag – und besaß natürlich auch den „Hauspass mit Lichtbild". Den zeig-

„Uns Uwe" spielt für
Deutschland

Mit 17 Jahren spielte der Hamburger Jung Uwe Seeler im Länderspiel gegen Frankreich zum ersten Male als Stürmer in der deutschen Nationalmannschaft. Das Spiel ging zwar mit 1:3 verloren – Hamburg aber war trotzdem mächtig stolz, mit „Uns Uwe" neben Jupp Posipal und Fritz Laband einem weiteren hanseatischen Nationalspieler zujubeln zu können. Uwe wurde zum Idol der Hamburger Jugend. Ein super Spieler, ein durch und durch fairer Sportsmann ohne Allüren und Affären. Nie haben ihm die Hamburger vergessen, dass er 1961 seiner Stadt und seinem HSV die Treue hielt und dem für damalige Zeiten traumhaft hohen 1,2 Millionen Mark Transferangebot von Inter Mailand widerstand.

Hamburg liegt
Soraya zu Füßen

Die sonst eher als leicht unterkühlt geltenden Hanseaten waren völlig aus dem Häuschen, als die persische Kaiserin Soraya und ihr Mann, Schah-in-Schah Reza Pahlevi der Freien und Hansestadt mit einem Staatsbesuch die Ehre erwiesen. Die Stadt lag der Iranerin mit deutscher Mutter quasi zu Füßen. Der Schah galt mehr oder weniger als Beigabe. Soraya war ständig in den Klatschspalten der Regenbogenpresse vertreten. Jetzt konnten ihre Verehrer sie endlich mal live erleben. Als der Schah zwölf Jahre später ein zweites Mal auf Staatsbesuch an der Elbe weilte, ging's weit weniger freundlich zu. Es war die Zeit der Studentenrevolten.

Glitzerwelt

Zuerst gingen wir gemeinsam mit Mama und Papa, später dann mit der ersten, zweiten oder dritten großen, unsterblichen Liebe auf den „Swutsch". Varieté als Artistik, gepaart mit Gesang, Dressur und Zauberei war ein Erlebnis, das so leicht durch nichts überboten werden konnte.
An der Spitze der renommierten Häuser in Hamburg lag wohl das Hansa-Theater. Auch hier

passen wieder die Worte von Schillers Tell: „Das alte stürzt, es ändert sich die Zeit und neues blüht aus den Ruinen". In den Bombennächten des Juli 1943 wurde auch das weltberühmte Varieté am Steindamm mit seinen fast 1500 Plätzen zerbombt. Doch schon im August 1945

Die Haarpracht stets frisch frisiert und adrett gekleidet. Junge Mädchen zum Vorzeigen.

konnte mit Genehmigung der Militärregierung der Spielbetrieb – wenn auch in weit kleinerem Rahmen – wieder aufgenommen werden. Immer vorausgesetzt, dass Geld (oder anfangs eben auch Lebensmittelmarken oder Briketts) für solcherlei Vergnügungen lockergemacht werden konnte, brachte uns ein Besuch in dieser Glitzerwelt höchst willkommene Abwechslung vom sonst eher tristen Alltag. Stars wie Hans Albers, Friedel Haensch und die Cypris, der Clown Charly Rivel, Caterina Valente, Conny Froboess, der Magier Kalanag oder später Siegfried und Roy gaben sich im Hansa die Türklinke in die Hand. Das Theater wurde nie subventioniert und musste schließlich seine Pforten schließen. Am 31. Januar 2001 fiel der letzte Vorhang.

Viele Jahre vorher schon wurde das Haus Vaterland in der City geschlossen. Hier war unter vielen anderen Stars der unvergessene Peter Frankenfeld in seiner karierten Jacke immer wieder zu Gast. Auch das Allotria auf der Reeperbahn musste schließen. Varieté in größerem Stil gab's fortan nur noch im Fernsehen.

Junge Liebe

„Liebe – sagt man schön und richtig – ist ein Ding, das äußerst wichtig!" Und da waren sie, die zauberhaften jungen Mädchen, die den schlimmen 40ern und den im wahrsten Sinne des Wortes „wunderbaren" 50er Jahren das Glanzlicht aufgesetzt haben. Neben dem Wirtschaftwunder und dem Autowunder gab es eben auch noch das deutsche Fräuleinwunder.

Chronik

5. Januar 1956
Die ersten 50 „Gastarbeiter" aus Italien treffen in Deutschland ein.

Juni 1956
Die von den Briten eingeführten Autokennzeichen werden durch die HH-Schilder ersetzt.

Juni 1956
Indiens Staatschef Nehru und Tochter Indira Gandhi weilen in Hamburg.

11. Januar 1957
Anstich des Hamburger Senatsbocks im Curiohaus. Die Bockbiersaison dauert bis zum 4. März.

September 1957
Lionel Hampton gastiert in der Ernst-Merck-Halle. Das Konzert endet mit Randale.

2. Januar 1958
Die Flensburger Verkehrssünder-Kartei wird eingerichtet.

23. August 1958
Das Segelschulschiff „Gorch Fock" läuft bei Blohm + Voss vom Stapel.

Oktober 1959
Erster planmäßiger Start eines Düsenjets in Fuhlsbüttel.

November 1959
Das neue Audimax (Auditorium maximum) der Universität wird eingeweiht.

Ausbildung zur Funkerin: Lehrgang im Telegrafenamt in der Jungiusstraße.

Heute kaum mehr vorstellbar, aber die Mädchen unserer Generation wurden unter der Maxime erzogen, zu heiraten und nur für die Familie da zu sein, den Haushalt zu organisieren und die Kinder großzuziehen. Man war glücklich, ein kleines „Familienunternehmen" führen zu können oder zu dürfen.

Bevor es so weit war, mussten von uns heranwachsenden Mädchen und Knaben selbstredend noch einige Hürden genommen werden. Ob wir nun schon als Lehrling an der Drehbank oder am Schreibtisch oder als Pennäler noch auf Papas Tasche lagen, die schöne Zeit der jungen Liebe (O, dass sie, frei nach Schiller, ewig grünen bliebe) hat uns alle in den seinerzeit viel besungenen siebten Himmel gehoben. Eine Vorahnung davon

kann sich ja schon beim Spielen in der Sandkiste irgendwo im Hinterkopf einnisten.

Im Kino

Wer erinnert sich nicht gern an dieses Verliebtsein, dieses wonnig wohlige Gefühl leiser Wehmut, in dem der junge Mensch, der eigentlich sachliche und kernige Typ, plötzlich anfällig für kitschige Schnulzen wird, sich allen Spöttern zum Trotz auf den Flügeln romantischer Klänge von Weber, Smetana, Franz Lehar oder Michael Jary forttragen lässt, frei nach Schiller errötend ihren Spuren folgt und sich von ihrem Gruß beglücken lässt. Der Praktiker schickte seiner Angebeteten per Post eine Kinokarte und hoffte, dass sie kam und in der Nachmittags-Vorstellung oder abends dann im Kino neben ihm saß. Oder der Verliebte hatte eine Verbündete, die es irgendwie hinkriegte, dass sich die beiden füreinander Bestimmten „rein zufällig" irgendwo trafen.

Filme für jede Stimmung

Und Kinos gab es in Hamburg mehr als genug. Für denn Alltag am Stadtrand. Für besondere Anlässe fuhr man dann auch in die Innenstadt. Da boten sich das „Savoy" am Steindamm oder die „Kurbel am Jungfernstieg" an, die 1971 für einen Erweiterungsbau des Alsterhauses abgerissen wurde, die „Kurbel" am Nobistor, 1951 gebaut und 1954 zu einem Sexkino gemacht, die „Oase" auf der Reeperbahn, die „Barke" am Hauptbahnhof, das „Bali" (Bahnhofslichtspiele) am Hauptbahnhof, das prunkvolle „Esplanade-Theater" am Dammtor, „Knopf's Lichtspielhaus" auf der Reeperbahn, das „Waterloo" am Dammtor, das „Passage Kino" in der Mönckebergstraße, das „Urania" in der Fehlandtstraße, das „Holi" (Hochhauslichtspiele) in der Nähe des Grindelbergs oder nicht zuletzt noch die Hansa-Lichtspielbühne am Steindamm. Das Puschenkino spielte zum Glück noch keine Rolle. Man ging aus.

Und Filme gab's für jeden Geschmack und für jede Stimmung. Das ging vom gesellschaftskritischen „Denn sie wissen nicht, was sie tun" mit

Die gemeinsame Fahrradtour an die Elbe gehört zu den schönsten Erinnerungen.

James Dean über „Das Herz von St. Pauli" mit Hans Albers bis zu „Wenn abends die Heide träumt" mit Margot Trooger und Rudolf Prack. Oder – welch ein Skandal – „Die Sünderin" mit Hilde Knef. Weil die Schauspielerin im Hintergrund fast nur schemenhaft nackt zu sehen war, war die ganze Nation entrüstet. Und es gab Filme wie „Schleichendes GIFT" über Geschlechtskrankheiten, den sich die Erwachsenen nicht gemeinsam anschauen durften. Für Männlein und Weiblein gab's getrennte Vorstellungen.

Leider gab es ja so viele Filme mit dem Hinweis „Nicht jugendfrei" und die meisten Kinder der 40er und 50er Jahre waren ja noch keine 18! Mündig, also volljährig wurde man damals ohnehin erst mit 21 Jahren. Das „Soldat spielen" begann nach dem Wehrpflichtgesetz von 1956. Die Ersten, die zum Barras mussten, waren vom Jahrgang 1937.

Mi köönt se all …

Die Einstellung der Hamburger vor der Globalisierung spiegelt sich sehr schön in dem in allen Lebenslagen gebrauchten Schnack „Kumm mi nich anne Farv" wider. Wörtlich übersetzt „komm mir nicht an die Farbe" was zum Ausdruck bringen soll, dass jeder alles tun und lassen kann und darf, dabei aber bitte immer den nötigen Abstand halten sollte. Und schließlich noch ein Satz zur Grundhaltung des Hamburgers: Wenn der Berliner sagt „mir kann keener", sagte der Hamburger „mi köönt se all!" Mir können sie alle, zur Not auch den Buckel runterrutschen …

Der Untergang der Pamir

600 Seemeilen südwestlich der Azoren geriet die Hamburger Viermastbark „Pamir" 21. September 1957 in einen Hurrikan, die Ladung verrutschte, das Schiff bekam Schlagseite, verlor alle Segel und sank schließlich. Von den 86 Mann an Bord konnten sich nur sechs retten. Unter den 80 Ertrunkenen waren 51 Schiffsjungen, die zur Ausbildung ihre erste oder zweite Reise machten. Hamburg trauerte.

Und das Gerede …

Nun können Verliebte nicht pausenlos ins Kino gehen. Einmal Wochenschau, Kulturfilm und Hauptfilm reichten als wöchentliche Ration völlig aus. Wer sich am Sonnabend womöglich die Nachmittags- und die Abendvorstellung „reinzog", galt schon als süchtig und mithin gefährdet. Zu Hause bei ihm oder bei ihr auf dem Sofa sitzen und Händchen halten, war aber auch undenkbar. Wer jemanden „mit nach Hause brachte", galt schon fast als verlobt. Und was sollten die Nachbarn denken. Dieses Gerede … Einfach unvorstellbar.

Angebandelt

Wohin also? Was tun, wenn der Tag lang und die Sehnsucht nach ungestörter Zweisamkeit riesengroß ist? Auch im Hamburg der 50er Jahre kein Problem! Um all die wunderschönen Plätze, die zum „Verweilen" einluden, um all die Sehenswürdigkeiten, Attraktionen und Möglichkeiten zu erbaulicher Zerstreuung auch nur aufzuzählen, dürfte der Platz in diesem Buch nicht ausreichen. Trotzdem ein paar Beispiele aus dem reichhaltigem Angebot: Wie wär's, sich bei einer Hafenrundfahrt vom Barkassenführer mit Namen „He lücht" (er lügt) von allerlei wundersamen Dingen im Hafen erzählen zu lassen. Oder, wenn wir schon mal auf dem Wasser sind, eine Tour mit dem Fährschiff von den Landungsbrücken aus zur Elbinsel Finkenwerder und den niederdeutschen Dichter Rudolf Kinau besuchen? Empfehlenswert auch die Fahrt weiter nach Blankenese mit anschließendem Spaziergang auf den Süllberg oder zum nahe gelegenen Falkenstein. Danach dann am Ufer der Elbe auf dem Strand von Oevelgönne zurück Richtung City und die Frachter, Passagierschiffe, Tanker, Segelboote und Barkassen an sich vorüberziehen lassen.

Eine Fahrt mit dem Alsterdampfer gehörte damals für uns natürlich auch schon zu den herausragenden Möglichkeiten, bei seiner Angebeteten Punkte zu sammeln. Und wenn dann noch der Walzer „Mondschein auf der Alster" dazu erklang, Herz, was willst du mehr?

Wenn kein Geld für eine Fahrkarte mit dem Schiff da war, war ein Spaziergang rund um die Außenalster angesagt – für weniger ausdauernde Läufer reichte selbstredend auch die Binnenalster mit

Träumen von der gemeinsamen Zukunft auf einer Bank im Park.

Jungfernstieg – und vielleicht bei der Gelegenheit ja noch ein Tässchen Kaffee im Alster-Pavillon. Richtig, man könnte ja auch noch den Turm des Hamburger Wahrzeichens, den Michel besteigen und den wunderbaren Blick auf das Hafenpanorama genießen. Und schon fällt der Blick von dort aus auf die Rote Stadt, die Hamburger Speicherstadt, die zu Wilhelms Zeiten im Zusammenhang mit der Einrichtung des Hamburger Freihafens errichtet wurde, für die ein ganzes Wohnviertel geopfert wurde. Um den Kiez auf St. Pauli, Reeperbahn und Große Freihat unsicher zu machen oder

Hier an der Binnenalster traf man sich,
um in der Mittagspause die ersten Sonnenstrahlen des Frühlings zu genießen.

frühmorgens um sechs auf dem Fischmarkt Volltrunkene zu bestaunen, die einen Schellfisch am Band hinter sich herzogen, waren wir noch einen Tick zu jung. Außerdem hatten wir bei weitem nicht so viele Freiheiten wie die jungen Leute von heute.

Fazit:Wer mit sich und seiner Freundin auch bei wenig Taschengeld nichts zu unternehmen wusste, dem war eben nicht mehr zu helfen.

Längst
vergessen

… ist der Qualm aus zahllosen Kohleöfen, der via Schornstein bei „drückendem" Wetter durch die zum Teil recht engen Straßenschluchten der Wohnviertel waberte, stank und das Atmen schwer machte.

Wenn der Rock fröhlich wippte

Wie schon an anderer Stelle bedauert, war es zu unserer Zeit gar nicht mal so einfach, mit den zumeist von den eifersüchtigen Vätern wohlbehüteten Töchtern Kontakt aufzunehmen. Sie mussten abends eher nach Hause, wurden von den Nachbarn argwöhnisch beäugt und durften

„Auf geht's" scheint diese junge Frau zu sagen, die mit ihrem Roller auf dem Jungfernstieg unterwegs ist.

Silvesterparty 1958: Wir sind jung, uns steht die Welt offen.

sich in der Öffentlichkeit um Himmels willen nicht auffällig benehmen. Von wegen nabelfrei rumlaufen ... Unsere Traummädchen trugen damals Petticoat unter dem weiten und kurzen Kleid. Dazu zum Rock 'n' Roll flache Ballerina-Schuhe, zum Ausgehen Stöckelschuhe. Auf jeden Fall ein schöner Anblick – vor allem, wenn beim Gehen nicht nur der Rock und die Pferdeschwanzfrisur so fröhlich hüpften und wippten. Wir Jungs trugen übrigens sowohl streichholzkurzen Bürstenschnitt wie später dann auch Elvis-Tolle. Persönliche Freiheiten wurden diesbezüglich von vielen voll ausgelebt.

Mädchen und Jungen gingen ja noch getrennt zur Schule. Nicht selten wurden sie jedoch wegen Raummangels in ein und derselben Schule unterrichtet. Schichtunterricht nannte man das: Morgens die Jungs, nachmittags die Mädels. Oder umgekehrt. Nun waren damals in den Schulbänken noch mit Deckel versehene Vertiefungen für Tintenfässer eingelassen. Sie blieben allerdings leer. Man schrieb schließlich schon mit Füller. Eben diese Fächer aber eigneten sich hervorragend als Briefkästen. Und so schrieb man dann kleine Liebesbriefe an Mädchen, von denen man nur wusste, dass sie in derselben Bank saßen. Kam es zu einem Rendezvous, konnte so manch eine Enttäuschung wegen zu großer Füße oder zu kleiner Augen nicht ausbleiben.

Benimm' dich!

Und dann war da ja noch die Möglichkeit, Tanzstunden zu nehmen, in denen einem nicht nur die richtige Schrittfolge, sondern auch gutes und korrektes Benehmen beigebracht wurde. Von wegen der Dame die Tür aufhalten, leichte Verbeugung bei der Begrüßung, die richtige Reihenfolge beim „Bekanntmachen" einhalten, in den Mantel helfen, wie der Herr den Hut richtig zieht, wann sich der Herr vom Platz erheben muss und warum die Dame sitzen bleiben darf. Tausend Regeln – aber man kam sich eben auch näher und konnte mit den Resten seines Taschengeldes die Dame in ein Lokal einladen, das der Herr immer vor der Dame betreten muss.

Der Herr bekam die Speisenkarte und empfahl seiner Begleitung dann ein Menu oder ein Getränk. Unvorstellbar übrigens, dass der Kellner oder die Kellnerin, wenn's dann schließlich ans Bezahlen ging, die heute obligatorische Frage „getrennt oder zusammen" stellte. Natürlich zahlte

der Herr. Und da die Damen meistens mehr Geld hatten, soll es auch vorgekommen sein, dass sie ihm heimlich unter dem Tisch die fehlenden Mäuse zusteckte.

Die aktuelle Schaubude

Aus einem Autosalon gegenüber der Staatsoper am Dammtor wurde am 7. Dezember 1957 zum ersten Male der TV-Dauerbrenner „Die aktuelle Schaubude" gesendet und war vom Start weg ein Publikumsmagnet. Am Mikrofon der legendäre Hamburger Moderator Werner Baecker. Jeden Sonnabend drängten sich Menschentrauben vor den großen Schaufenstern des gläsernen Studios, um Stars und Promis aus der ganzen Welt fast hautnah mitzuerleben. Hier nahm James-Bond-Darsteller Sean Connery zum ersten Male öffentlich sein Toupet ab, ahmte Peter Ustinov ein Kamel nach und hier führte Prinz Frederic von Anhalt eine aufblasbare Gummipuppe vor. 1967 wurde die Show vom Autosalon in die Studios des NDR verlegt, Mitte der 80er wanderte sie vom Ersten ins Dritte Programm, wo sie bis heute unter dem Motto „Wir wollen unsere Zuschauer unterhalten" weiterlebt.

Die Demo der
100 000

„Kampf dem Atomtod" lautete die Devise, unter der sich über 100 000 Menschen am 7. April 1958 auf dem Hamburger Rathausmarkt versammelten, um gegen die Ausrüstung der Bundeswehr mit taktischen Atomwaffen zu protestieren. Auf den Spruchbändern standen Parolen wie „Lieber heute aktiv als morgen radioaktiv" oder „Wir wollen genauso alt werden wie Konrad". Gemeint war Bundeskanzler Adenauer, der damals 82 war. Zu diesem ersten großen Protest in der Bundesrepublik ruhte in Hamburg zwischen 17 Uhr 15 und 18 Uhr der öffentliche Verkehr. Nur die bundeseigenen S-Bahnen fuhren.

Urige Kööminseln gab's mehr als genug

Und wohin ging man, sollte das Treffen ein wenig weiter weg vom Wohnsitz der Eltern stattfinden? Klar, in die Stadt. Immer vorausgesetzt, man war schon alt genug und das Taschengeld reichte aus, stand ein Kneipenbesuch mit Freunden hoch im Kurs. „Kööminseln" gab es mehr als genug, fast

an jeder Straßenecke. Beliebter Treffpunkt war und ist bis heute das urige Bierlokal „Nagel" am Hauptbahnhof. Typisch hamburgisch: Holzbänke mit Kissen. Rauh, aber herzlich. Gern gingen wir ins „Zillertal". „Grün" am Hansaplatz war sehr gemütlich. Im Hofbräuhaus am Dammtorbahnhof ging's halt bayerisch deftig zu, und im Café Keese auf der Reeperbahn war nur Damenwahl angesagt.

Adrett, flott, stolz, selbstbewusst und zurückhaltend: Das Idealbild eines Teenagers in den 50er Jahren.

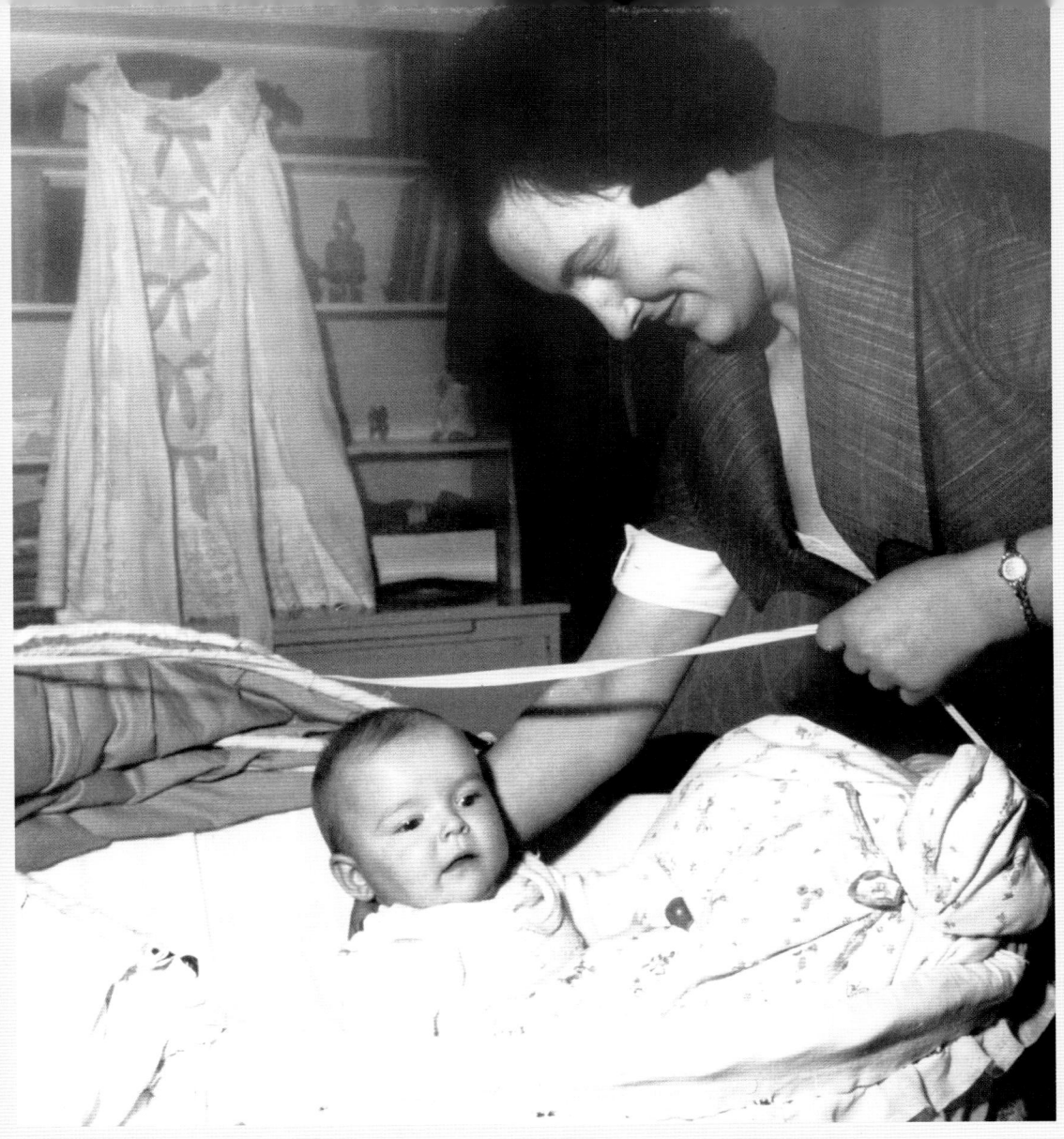

Wir waren „bereit" für die nächste Generation, die 60er. In Hintergrund hängt das Taufkleidchen für's Töchterchen.

Zum Tanzen lud das „Faun" in der Nähe vom Gänsemarkt ein. Im Atlantik-Hotel standen Tanznachmittage für die Jugend auf dem Programm und wollte man seiner Freundin was besonders Gutes bieten, ging man ins Orchideencafé in Planten un Blomen. Dort im Park dürfte dann auch so manch ein erster vorsichtiger Kuss fällig gewesen sein. Wenn's

anders nicht klappen wollte, hat so manches junge Mädchen dem schüchternen jungen Mann gewiss auch schon mal ein wenig Mut gemacht.

Der „Ernst des Lebens" ließ allemal nicht lange auf sich warten. Schließlich stellten sich dann ja auch die ersten eigenen Kinder ein und sorgten für ein völlig neues Lebensgefühl.

Aus dem Fotoalbum

Hallo Jungs und Deerns ut de veertiger un foftiger Johrn, Ingeborene und Quiddjes, wie wär's denn zum guten Schluss mit einem Blick ins eigene, fast schon vergessene Fotoalbum oder in den Schuhkarton auf dem Dachboden, in dem doch auch noch Bilder aus längst vergangenen Tagen schlummern müssten …?

Die Stadt, in der wir aufgewachsen sind,

ist so ganz anders als alle Städte dieser Welt.

Weißt Du noch? Hier drüben war das alte Kino, und dort die Straßenecke, wo wir heimlich den ersten Kuss tauschten. Wer erinnert sich nicht gern an die vertrauten Orte seiner Kindheit und Jugend – den Bolzplatz am Stadtrand, das alte Schultor oder die verrauchte Kneipe, in der nächtelang diskutiert wurde? Anderen fallen das Quietschen der Straßenbahn ein oder der Duft von frisch gebackenem Blechkuchen ... und natürlich die Kindheits- und Jugendgeschichten, die man sich noch heute unter Freunden gern erzählt.

Kurzweilige Texte, ergänzt durch zahlreiche Fotografien der Zeit, wecken Erinnerungen an die ganz alltäglichen Dinge, wie wir sie alle in unserer Stadt erlebten.

Bücher aus dieser Reihe gibt es für Bochum, Kiel, Leipzig, Nürnberg, ...
... und viele andere Städte & Regionen in Deutschland!

Das persönliche Geschenkbuch für alle, die sich gerne an die Kindheit und Jugend in ihrer Stadt erinnern ...

Unsere Bücher erhalten Sie im Buchhandel vor Ort oder direkt bei uns:

Wartberg-Verlag GmbH
Im Wiesental 1, 34281 Gudensberg-Gleichen,
Tel.: 05603/93 05-0, Fax: 05603/93 05-28
E-Mail: info@wartberg-verlag.de
Online-Shop: www.wartberg-verlag.de